Décupler les pouvoirs de l'acupuncture avec l'homéopathie

Éditions Sang de la Terre
91, av. de la République • 75011 Paris
www.sangdelaterre.fr

Édition : Manon Siracusa-Schneider
Assistée de Katia Kaloun

Création graphique : Julia Jacquet

Mise en page : Atlant' Communication

Iconographie : Cyrille Martinet (62, 95, 97, 98, 99, 102), Julia Jacquet (86, 88), Pierre Tillement (92, 112, 113, 132), Shutterstock (108, 110, 111).

ISBN : 978-2-86985-349-2

DÉCUPLER LES POUVOIRS DE

L'ACUPUNCTURE

avec l'homéopathie

Dr Pierre Tillement

Sang de la Terre

Sommaire

Avant-propos

Notre monde, en métamorphose constante, est d'une extrême complexité et l'individu éprouve bien des difficultés à s'y repérer. Le rythme de la vie est rapide, voire frénétique. Sur les épaules de chacun d'entre nous pèse une pression dont on connaît les effets néfastes à moyen/long terme ; cela se nomme le stress. Le contexte ultra-compétitif dans lequel nous vivons est en grande partie engendré par le phénomène de la mondialisation. En quelques dizaines d'années à peine, notre environnement a évolué de façon radicale, avec entre autres l'apparition des ordinateurs, des téléphones portables, d'internet... en bref d'une technologie de plus en plus pointue et performante dont l'usage nous devient vite familier et indispensable. C'est d'ailleurs assez incroyable avec quelle facilité nous intégrons toutes ces nouveautés dans notre vie quotidienne, au point de nous demander comment nous nous y prenions avant qu'elles ne fassent leur apparition. Très peu de gens, en vérité, comprennent comment tout cela fonctionne : connaissez-vous, dans votre entourage, ne serait-ce qu'une seule personne capable de vous expliquer par quel miracle un e-mail tapé sur le clavier de son ordinateur peut s'afficher sur l'écran de son destinataire situé à l'autre bout de la terre, pratiquement au même instant ? C'est sidérant ! Les appareils existent, ils sont accessibles, et nous les utilisons : voilà ce qu'il faut retenir.

L'accès à cette technologie de pointe a un coût. Tout le monde ne peut pas se permettre d'acquérir un téléviseur plasma, l'ordinateur portable le plus puissant du marché, la tablette ou le téléphone dernier cri – sans mentionner les abonnements. Il nous arrive souvent de confondre le superflu et l'indispensable. Il est indispensable de se nourrir, de se vêtir et de s'abriter, par exemple, mais on peut très bien vivre sans posséder un téléphone tactile, un écran géant, une voiture à cinquante mille euros, ou que sais-je encore. Être à la traîne dans notre société de consommation, c'est passer pour un « ringard », pour quelqu'un d'anachronique ; alors, quitte à s'endetter, on se met au diapason. C'est indéniable, notre société contemporaine a misé sur les sciences et les technologies. Le virage, amorcé au début du siècle dernier, n'a cessé de se développer et de s'amplifier au fil des décennies. Aujourd'hui, pour que quelque chose soit reconnu, il faut que ce soit « scientifiquement » validé, sans que l'on sache, bien souvent, en quoi consiste précisément cette soi-disant validation scientifique. En schématisant, on dira de notre société qu'elle se *dénature* chaque jour un peu plus, dans le sens où elle s'éloigne de l'influence de la nature, comme si nous craignions une trop grande proximité avec elle.

D'un côté se trouve le monde humanisé, façonné et modelé par notre intervention, et de l'autre le monde naturel, « sauvage », tel qu'il évolue sans l'intervention de notre espèce – ce qui devient rare. On dirait que le contact direct avec la nature nous effraie ; nous nous sentons plus à l'aise, protégés au sein des aménagements qui nous servent de cadre de vie, ce qui se nomme l'urbanisme.

Une grande partie de l'humanité vit dans les villes, où l'on trouve de tout : du travail (de moins en moins), un logement (cher), de la nourriture, des divertissements, des hommes et des femmes en très grand nombre avec lesquels communiquer, échanger, sortir. Tout cela a l'air bien pratique et commode ; ce le serait si l'on ne tenait pas compte des nuisances engendrées par de tels rassemblements de population : promiscuité, danger relatif, bruit, pollution, coût élevé de la vie, renforcement des lois et des contraintes – inévitable lorsque le nombre de gens vivant en communauté augmente. On préfère de loin vivre en ville plutôt qu'à la campagne – hormis pour une minorité qui s'y plaît.

Une journée ordinaire, pour la majorité d'entre nous, se compose d'un certain nombre de tâches qu'il nous faut accomplir dans un laps de temps imparti ; nous devons mener de front vie familiale et vie professionnelle, les deux s'emboîtant sans discontinuer à un rythme soutenu que nous peinons à maintenir sur la durée. Il semblerait que tout soit prévu pour que nous n'ayons pas le temps de réfléchir ni de penser à la vie que nous menons, une sorte d'étourdissement permanent dont nous ne nous extrayons pas assez souvent ni assez longtemps pour le questionner, ou le remettre en cause. Les priorités, ce sont : trouver et garder un emploi, s'occuper de ses enfants et de sa famille, assurer les tâches domestiques (ménage, courses), et s'il reste un tout petit peu de temps après tout ça, une heure de gym par semaine, un footing ou un cours de yoga ? En tout cas, on voit quelles sont les priorités - qu'on ne choisit pas vraiment, en vérité ; tout le monde se plie aux règles du dispositif, et soi-même on s'y conforme. Après tout, pourquoi pas ? Pourquoi un tel système ne serait-il pas en mesure de nous satisfaire – ce qui doit être le cas puisque nous sommes une majorité à y adhérer ! Mais que l'on ne s'étonne pas de la recrudescence du nombre de personnes tombant en dépression, ou qui « craquent » sous les effets cumulatifs de la fatigue, de l'anxiété, du « mauvais » stress ; nous ne sommes pas les plus gros consommateurs de neuroleptiques en Europe par hasard.

En bavardant avec les uns et les autres, on s'aperçoit que nous sommes nombreux à nous plaindre de l'environnement dans lequel nous évoluons : nous le trouvons de plus en plus cher, stressant, dangereux, bruyant et polluant, pour ne citer que quelques-uns des griefs les plus couramment exprimés. Ce qui ne nous empêche pas, le lendemain et les jours suivants, de faire comme d'habitude. Pourquoi ? Sommes-nous résignés ou serait-ce que nous y trouvons notre compte ? Il semblerait que la seconde option soit la bonne, personne (ou presque) ne consentant à se priver de ce qu'il possède et qu'il utilise. La dépendance qui nous attache aux biens de consommation les plus courants et les mieux intégrés dans notre vie quotidienne est beaucoup plus forte qu'il n'y paraît. Automobiles, voyages, électricité, chauffage central, et tant d'autres choses encore : qui est disposé à se restreindre ? Ce n'est que contraints et forcés que nous procéderons à un changement radical de comportement – idem pour notre santé.

De nombreuses personnes ressentent le besoin de s'oxygéner, de partir aussi souvent qu'elles le peuvent à la campagne, à la montagne, ou encore au bord de l'océan pour s'aérer et se ressourcer. Tout, en ces lieux, y est différent : le cadre, le rythme, l'ambiance, l'énergie. Il semblerait qu'au fin fond de chacun de nous perdure un lien, aussi ténu soit-il, avec la nature dont nous sommes issus et à laquelle nous appartenons – bien que nous soyons persuadés d'en être l'exception.

Au sein des villes sont aménagés des espaces verts, des parcs où viennent se promener les citadins lorsqu'ils en ont le temps ; on y croise des *joggers*, trop heureux de pouvoir s'adonner à leur sport favori dans un endroit boisé, un tant soit peu éloigné du brouhaha ambiant.

Depuis qu'existent les vacances scolaires et que chaque famille possède au moins un véhicule, nous assistons plusieurs fois chaque année à de gigantesques flux migratoires de citadins en direction des stations de ski l'hiver et de l'océan pendant les mois estivaux. Le spectacle de ces dizaines de milliers de véhicules et de ces centaines de milliers de gens se précipitant tous au même moment aux mêmes endroits est un phénomène surréaliste, et l'on en viendrait presque à se demander si la pulsion grégaire de l'être humain ne l'emporte pas sur la nécessité de se ressourcer loin de la foule et de la confusion ambiante. On vit les uns sur les autres le gros de l'année et on vit les uns avec les autres pendant les congés ; seuls changent le cadre et les activités.

Chacun de nous mène une existence difficile, souvent pénible, dictée par le devoir et les responsabilités plus que par le plaisir et le souci de l'épanouissement personnel et familial. Sans que l'on ne sache comment ni pourquoi, nous avons dérivé dans un système régi par les échanges commerciaux et la consommation de masse. On nous fait croire que « le bonheur c'est d'avoir », comme le chante avec justesse Alain Souchon. Quid de l'épanouissement personnel, de la culture, de la santé ? Le fait de se mettre soi-même en retrait, de travailler dans un secteur qui ne nous plaît pas et dont on retire peu de satisfactions, d'être entouré de gens qui nous pompent notre énergie et dont on se demande ce qu'ils nous apportent en retour, tout cela nous alourdit, nous empêche de vivre dans la sérénité et avec un minimum de bonheur.

L'ambiance collective, par ailleurs, n'incite ni à la joie ni à l'optimisme : on ne nous parle, à longueur de journée, que de crise, de marasme économique, de délinquance, de baisse du pouvoir d'achat, rien que du négatif, rien que du lourd ; le soir, il faut à tout prix éviter de regarder les journaux télévisés, à eux seuls un condensé de noirceur et de pessimisme ! Nous devons faire preuve d'une extrême vigilance pour ne pas nous laisser entraîner dans cette vision glauque et malsaine de la vie. Ce dont nous avons grand besoin, pour continuer à aller de l'avant, c'est de projets et d'enthousiasme ; et sur ce plan, nous ne pouvons compter que sur nous-mêmes pour trouver la motivation et l'énergie nécessaires. Il faut apprendre à s'entourer de personnes fiables et positives, elles-mêmes soucieuses de mener une existence collant au plus près de leurs aspirations. Bien des gens, ne poursuivant aucun but précis dans l'existence, se laissent empoisonner par les autres et leur pathos. Pour résister à tout cela, pour éviter de se laisser happer par la médiocrité commune, l'individu doit s'accrocher et suivre sa ligne directive – à la condition qu'il en ait une. Croire que l'on n'a pas le choix est erroné ; il est toujours possible de suivre son chemin, dans la mesure où l'on est prêt aux sacrifices que cela exige.

« Il n'y a pas de plus grande faute que de céder à ses désirs. Il n'y a pas de plus grand malheur que de ne pas reconnaître que l'on a "assez". Il n'y a pas de plus grand vice que de vouloir obtenir toujours », nous met en garde Lao-Tseu. Pourquoi bouder son plaisir ? C'est agréable de vivre dans une maison confortable, de se rendre d'un point à un autre au volant de sa voiture ou à bord d'un avion, de manger varié et à sa faim, de pouvoir sortir au cinéma ou au théâtre, de s'adonner à sa passion ; mais cette abondance de biens et de confort se paie cher ; pour y accéder, il faut de l'argent ; et l'argent, il faut le gagner, d'une manière ou d'une autre – généralement en travaillant. Or, travailler signifie consacrer une grande partie de son temps, de son énergie, de son existence, à une fonction qu'on espère intéressante et rémunératrice. Le monde de l'emploi étant ce qu'il est – âpre et concurrentiel – les travailleurs et les employés doivent souvent prendre sur eux, encaisser du stress et des conditions de travail décriées ; autrement dit, on doit travailler pour gagner sa vie, mais l'entreprise ne se fait pas sans heurts ni conséquences.

Si l'ensemble de la population ne trouve pas grand-chose à redire au système dans lequel elle vit, et auquel elle adhère, il s'en trouve néanmoins une partie qui désapprouve les grands axes choisis par la collectivité. Ce sont des personnes qui cultivent d'autres valeurs, d'autres intérêts, et qui ne sont pas prêtes à tout sacrifier pour réussir – au sens où on l'entend d'ordinaire. Bien entendu, elles aussi doivent subsister, se loger, se vêtir et se nourrir ; mais elles ne ressentent pas le besoin compulsif de consommer à tout prix, comme si le fait d'acheter et de posséder était devenu en soi une finalité. Ces gens habitent volontiers en dehors des grandes agglomérations, ils aiment la nature, se nourrissent avec des aliments bio et, dans une certaine mesure, s'abstiennent du superflu – chacun ayant sa propre conception de l'indispensable et du superflu.

Lisons ce qu'en dit Pierre Leutaghi : « Ces dernières décennies, la civilisation urbaine a engendré une demande d'alternatives de santé (mais aussi alimentaires, de loisirs, etc.) qui, d'abord tournée en dérision comme régressive, a suscité une onde sociale durable. Cet élan s'amplifie avec les errements des systèmes médicaux et agroalimentaires, où le scientisme le plus méprisant, habituellement allié à l'adhésion foncière aux principes du libéralisme mercantile, multiplie les désastres et ne cesse de travailler à leur extension. »

On retrouvera un peu plus loin dans cet ouvrage un chapitre dédié au taoïsme, sur lequel se fonde l'acupuncture. Nous y parlerons du rôle essentiel accordé à la nature et des similitudes existant entre la pensée taoïste et celle des Grecs, résumées de la sorte par Marcel Conche : « Sur tous ces points où Lao-Tseu rejoint les Grecs, c'est nous aussi qu'il rejoint : recul de la philosophie théologisée, avancée de la philosophie de la nature ; rejet de la prétention cartésienne de domination de la nature et méfiance, orchestrée par Heidegger, à l'égard des progrès de la technique et de la technicisation du monde, appréhension de ce qui peut en résulter, souci écologique de la protection de l'environnement et de la sauvegarde des espèces, nostalgie, parfois, d'une sorte de retour à la nature et d'une vie simple. »

On trouve des agriculteurs biologiques, des fabricants de maisons en bois basse consommation, des magasins proposant à la vente de la marchandise étiquetée « commerce équitable », un parti politique écologiste (!?), des organisations luttant pour la sauvegarde de la biodiversité dans la nature, et enfin des techniques de soin dites « naturelles », dont le succès va croissant. En somme, il existe un contre-pouvoir, une contre-tendance visant à équilibrer un tant soit peu les choses.

Même si la description peut sembler caricaturale, on peut scinder l'humanité en deux camps : le premier adhère au mouvement global sans trop se poser de questions ; le second considère que la direction prise par notre espèce laisse à désirer et qu'il serait grand temps de la réévaluer. Entre ces deux manières opposées de considérer les choses, une majorité de gens oscillent entre les deux tendances, indécis quant à la voie à suivre ; ces derniers, nous les retrouvons un peu partout, au moment de choisir.

- Sur le point d'acheter une nouvelle voiture, on fait attention d'en sélectionner une émettant peu de CO_2 et un minimum de particules toxiques.

- Au moment de se soigner, on hésite entre le généraliste et l'acupuncteur, l'homéopathe ou le chiropraticien ; souvent, les patients commencent par leur médecin généraliste, et ils ne se dirigent vers un praticien « alternatif » qu'en cas de non-résolution de leur problème.
- Au moment de faire ses courses, on remplit son panier à moitié avec des produits transformés par les géants de l'agroalimentaire et à moitié avec des aliments issus de l'agriculture biologique.
- Même si le tri sélectif est contraignant, on veille néanmoins à s'y plier.

Et ainsi de suite.

Il y a donc une tendance à l'équilibre, même si nous sommes encore loin du compte. Petit à petit, les symptômes selon lesquels le monde est en train de « tomber malade » s'imposent de plus en plus : réchauffement climatique, couche d'ozone en péril, pollutions diverses, mise à sac de la nature, épuisement des matières premières, etc. L'évidence d'un certain nombre de dérèglements majeurs saute aux yeux de tous ; et pourtant, nous continuons à aller de l'avant, agissant comme si de rien n'était, dans un état d'inconscience et de torpeur que seul un séisme serait en mesure de dissiper.

L'analogie entre le comportement collectif face à la menace que nous faisons peser sur notre terre et la manière dont nous prenons soin de notre propre santé est frappante ; dans les deux cas de figure, on attend toujours le dernier moment pour agir – quitte à s'y prendre trop tard. En consultation, nous recevons souvent des individus dont la santé est précaire – essentiellement par négligence et manque d'hygiène de vie – et qui malgré tout ne font rien pour arranger la situation : comment des personnes incapables de prendre les mesures qui s'imposent concernant leur propre santé et avenir seraient-elles en mesure de s'intéresser au fonctionnement et au(x) dérèglement(s) du monde dans lequel elles vivent ?

Nous sommes à la fois esclaves et artisans de la société dans laquelle nous vivons, et que nous cautionnons. Chacun de nous tient à son confort et à ses habitudes, quitte pour cela à compromettre l'avenir des générations futures. De nombreux chercheurs et spécialistes tirent la sonnette d'alarme depuis plusieurs années, sans que le pouvoir politique ne tienne compte de leurs avertissements, sans que des mesures radicales et indispensables ne soient prises ; de même, de nombreuses personnes vivent dangereusement (alcool, tabac, stress, insomnie, sédentarité, obésité) et cependant elles ne font rien pour améliorer leur sort. Dans les deux cas de figure, le comportement est similaire, mélange d'inconscience, de résignation, d'habitude, de paresse.

Notre façon de nous soigner et de considérer notre santé s'est mise au diapason de la mouvance collective. Hormis pour une minorité consciente du problème, on se néglige jusqu'au jour où on ne peut plus avancer : ulcère, lumbago, dépression, angine de poitrine, cancer, etc. À ce moment-là, on se précipite chez son médecin pour se faire soigner, ce qui se traduit le plus souvent par une série d'examens suivie d'un traitement à base de médicaments – le but de la manœuvre consistant à revenir le plus vite possible dans la course. Avec un peu de chance, la crise s'estompe et l'on peut reprendre le cours de sa vie, comme si de rien n'était, ou presque. En réalité, suite à cet incident, plus rien n'est pareil ; il y a eu décrochage, quand bien même temporaire, et ce message fort doit nous alerter d'un certain nombre de dysfonctionnements qui en sont à l'origine. Si la personne repart sans rien modifier à ses habitudes, nul doute que l'organisme n'appréciera guère ; tôt ou tard, elle va se refaire mal, un peu plus mal que la première fois.

Que nous offre la médecine allopathique ? Sur quels fondements repose-t-elle ? Quels sont ses points forts et ses points faibles ? Et les médecines alternatives, dont fait partie celle qui est à l'honneur dans cet ouvrage, que représentent-elles ? En quoi les principes sur lesquels elles reposent sont-ils différents de ceux sur lesquels repose la médecine conventionnelle et quel impact ces variantes conceptuelles ont-elles sur la manière d'envisager la santé et de traiter la maladie ?

Nous allons à présent répondre de façon concise à ces questions…

Santé et médecine, contexte général

MÉDECINE MODERNE

Considérations générales

> « Il n'y a probablement que dans les sociétés occidentales que l'on pense que les médicaments constituent la seule réponse aux problèmes de santé. »
>
> **Joel Swerdlow**

Le domaine médical n'échappe pas à la règle. La manière dont sont formés les docteurs reflète l'évolution scientifique et technologique à laquelle il est fait allusion ci-dessus. Les examens biologiques, les biopsies, les scanners, IRM, PET scan, échographies et autres techniques d'investigation font désormais partie intégrante de l'arsenal mis à la disposition des médecins – lesquels se reposent de plus en plus sur eux lorsqu'il s'agit d'effectuer un diagnostic sur un patient. Avant, les docteurs devaient davantage compter sur eux-mêmes pour déceler ce qui « clochait » chez leurs malades ; leurs outils, c'étaient l'écoute, l'observation, l'auscultation et le bon sens, sans oublier l'expérience. Était-ce mieux avant ou devons-nous nous réjouir, aujourd'hui, de bénéficier de tous ces appareils sophistiqués aux capacités extraordinaires ? L'idéal, sans doute, serait de conserver les qualités de base qui fondaient la réputation des vieux médecins de famille, tout en y intégrant avec parcimonie le recours à l'imagerie moderne.

L'écoute, l'observation, l'examen physique, ont toujours été et resteront les piliers de la compréhension du patient et de l'origine de sa maladie.

On reproche souvent à la médecine moderne de s'être déshumanisée, de traiter les gens comme des numéros, bref de devenir impersonnelle ; c'est en tout cas le grief formulé par de nombreux patients. Que souhaite une personne en souffrance ? Un peu de compassion assortie des soins appropriés. *A priori*, rien de bien sorcier. Et pourtant, un certain nombre de patients sont déçus par l'un ou par l'autre, parfois par les deux : on ne peut pas plaire à tout le monde.

La médecine allopathique, avec le soutien et l'appui des grandes firmes de l'industrie pharmaceutique, s'est imposée comme la médecine officielle ; enseignée dans les facultés de médecine, elle constitue la médecine de référence des futurs docteurs ; plus tard, lorsqu'ils s'installeront et qu'ils commenceront à soigner leurs premiers patients, ils recourront aux médicaments – dont la liste est pléthorique, tout comme les effets secondaires dont ils sont responsables. Des remèdes, il en existe de toutes sortes, pour traiter les innombrables maladies répertoriées. Prendre un médicament, c'est également prendre un risque, puisqu'il n'en existe pas qui soit dépourvu d'effet(s) secondaire(s) ; il suffit d'ouvrir le *Vidal* à n'importe quelle page pour s'en convaincre. Or, il faut savoir qu'il s'en prescrit des millions de boîtes chaque jour, sans que quiconque ne sache vraiment quelles peuvent être les conséquences des interactions de ces diverses molécules de synthèse entre elles. Certains patients ont une véritable liste de médicaments qu'ils avalent au quotidien : cela va-t-il dans le bon sens ? Est-ce bien nécessaire ? Est-ce sans risque(s) ? On peut se le demander.

La médecine moderne se targue d'être une médecine scientifique, mais en toute sincérité on se demande en quoi elle le serait, puisque, à chaque fois qu'un médecin prescrit des médicaments à l'un de ses patients, il ne sait pas au juste comment celui/celle-ci réagira. Les tests censés garantir la sécurité des remèdes mis sur le marché sont loin d'être infaillibles et suffisants, ainsi qu'en témoignent les scandales à répétition concernant des médicaments ayant engendré morbidité et mortalité : Thalidomide, Distilbène, Pondéral, Isoméride, Médiator, et bien d'autres encore.

En médecine, seule l'expérience a du poids ; elle seule valide et confirme la théorie, ce que nous confirme Cazin : « L'expérience seule, en médecine, peut confirmer ou détruire les opinions qui nous ont précédés » ; en d'autres termes, il faut savoir évoluer, s'adapter ; si, sur le terrain, les choses ne sont pas conformes à ce qu'on en pense, si la réalité diffère de la théorie, alors il ne faut pas hésiter à tout reprendre à zéro – ce qui exige de l'humilité.

Ne nions pas cependant, au risque de paraître sectaire, l'apport indéniable de certains traitements efficaces en cas de crise grave : les antibiotiques en cas d'infection bactérienne avérée, les anesthésiants, la prise en charge de la douleur, la chimiothérapie, ainsi que les progrès réalisés dans le domaine de la chirurgie. En fait, c'est en cas de pathologie lourde que la médecine moderne se révèle performante : accidents, cancers, maladies chroniques… Dans les cas où la survie de la personne est en jeu, les effets secondaires et les séquelles des traitements passent au second plan, puisque l'essentiel consiste à sauver le patient.

Mais la plupart des gens qui consultent, par chance, ne se trouvent pas dans un cas de figure aussi extrême. Ce dont ils ont besoin pour faire face aux nombreuses et variées déconvenues qu'ils rencontrent tout au long de leur existence, la médecine allopathique n'y répond pas de manière convaincante ni satisfaisante ; les traitements, à base de médicaments, ne règlent ni le problème ni sa cause ; ils ne s'en prennent qu'aux symptômes, lesquels ne tarderont pas à resurgir à la première occasion. C'est une approche symptomatique, et non causale, de la maladie. On ne cherche pas à comprendre pourquoi et comment l'individu est tombé malade, mais plutôt à enrayer le plus vite possible les symptômes qu'il présente – sans hésiter, pour y parvenir, à taper fort et à ratisser large.

Les médicaments développés par l'industrie pharmaceutique visent à contrer, à lutter contre un dérèglement quelconque : *anti*-inflammatoire, *anti*dépresseur, *anti*douleur, *anti*biotique, *anti*spasmodique, *anti*émétique, etc. La guerre est déclarée aux manifestations morbides de toute nature. Il ne faut donc pas s'étonner qu'avec ce genre de tactique l'on ne guérisse jamais quoi que ce soit, car ce qui se produit, dans la réalité, c'est que la cause de l'inflammation, de la douleur, du spasme ou de tout autre problème, incitant quelqu'un à consulter son médecin, n'est ni décelée ni traitée. On se contente d'en masquer les effets, au risque de voir la condition devenir chronique, faute de s'y attaquer de manière directe.

Pourquoi les choses sont-elles ainsi ? Les raisons sont nombreuses, en voici quelques-unes.

Établir un diagnostic

Malgré les apparences – et quitte à ruiner vos illusions –, la plupart des prescriptions s'effectuent sans qu'un diagnostic formel soit posé. On se contente de noter les symptômes décrits par le patient et de lui proposer dans la foulée des médicaments censés les éradiquer, selon le principe suivant : un effet = un remède. Il existe un certain nombre de termes employés en médecine permettant aux docteurs pressés de ne pas s'encombrer l'esprit avec d'inutiles et fastidieuses recherches, et encore moins des explications ; ce sont des mots tels que *lombalgie*, *rachialgie*, *fibromyalgie*, *spasmophilie*, *arthrose*, *stress*, et bien d'autres encore. Ces termes rassemblent un grand nombre de conditions dont la différentiation est complexe. Par exemple, le mot *lombalgie*, dont l'usage en médecine est fréquent, signifie *mal dans la région lombaire*. C'est tout. Qu'est-ce qui a provoqué la crise ? Le mal vient-il des muscles, des articulations postérieures, des disques intervertébraux, des ligaments, ou bien des reins ? Le dos s'incurve-t-il, et si oui, qu'est-ce que cela signifie ? La douleur irradie-t-elle, et où ? Comment cette personne en est-elle arrivée là ? Quel type d'activité exerce-t-elle ? Dans quel état général se trouve-t-elle ? Toutes ces questions vont nous aider à comprendre, à cerner avec davantage de précision, l'origine et la nature réelles du syndrome dont souffre le patient. Et mieux l'on comprend ce qui se passe, mieux on soigne – parce qu'on devient *préci*s.

Combien de fois, vous plaignant de ceci ou cela, vous a-t-on répondu que vous étiez trop stressé(e), et que c'était la raison pour laquelle vous ne vous sentiez pas bien ? La réponse n'est pas fausse, mais elle est incomplète ; et surtout pratique ! Eh oui, le stress, auréolé de sa réputation sulfureuse, permet d'expliquer et de justifier quantité de troubles mineurs pour lesquels on ne sait quoi dire ou faire. Il est bien commode pour un médecin pressé et peu enclin à se lancer dans une discussion avec son malade de lui répondre qu'il est stressé, et que, hormis prendre des anxiolytiques, il n'y a pas grand-chose à faire. En bref, il faut l'accepter.

Effectuer un diagnostic, ou tout au moins un *diagnostic différentiel* (une liste réduite de deux ou trois options qu'il va falloir approfondir et affiner), cela nécessite à la fois une excellente connaissance du corps, ainsi que la capacité à synthétiser des informations souvent difficiles à relier entre elles – tout cela demande un savoir, de l'expérience, la volonté d'y voir clair, du temps. Moyennant quoi, on arrive dans la plupart des cas à cerner avec une relative précision la/les causes ayant provoqué le dérèglement chez le patient.

Dépendance à l'imagerie moderne

« Les avancées techniques, pour utiles, voire salvatrices, qu'elles puissent être, sont en même temps, à chaque étape, une plus grande distance entre savoir et bénéficiaires ultimes du savoir. La situation éthique du malade est encore plus incertaine que dans l'ancienne société, où tous partageaient à peu près la même représentation du monde. Car le patient moderne est un paradoxe : il se situe, culturellement, hors champ médical ; il est, au sens propre, étranger à la médecine – étranger que l'acte thérapeutique reconduit à la frontière », nous explique Lieutaghi.

Bien entendu, pas question de renier les apports de la radiographie, des scanners, IRM, et autres méthodes d'investigation. Toutes ces techniques nous ont beaucoup apporté. De plus en plus, les médecins se fient à ce type d'examens pour tenter de percer les mystères du corps humain, et surtout pour pouvoir montrer du doigt quelque chose de concret, de visible, permettant d'expliquer pourquoi on a mal et d'où provient la souffrance – encore notre besoin de rationaliser à tout prix. Et quel soulagement d'avoir quelque chose de tangible auquel se raccrocher, lorsque la confusion règne ! Les patients eux-mêmes sont en demande ; passer un examen, c'est rassurant. On se dit qu'on va enfin trouver quelque chose, qu'on va enfin comprendre pourquoi on souffre autant. Alors oui, grâce à cette technologie futuriste nous pouvons disséquer de manière visuelle l'organisme comme si nous pénétrions à l'intérieur, et l'infinie précision de ces examens facilite la détection précoce de pathologies graves telles que le cancer ou une compression de moelle épinière provoquée par une hernie discale. Dans ce sens, il s'agit d'un réel progrès.

L'ennui, lorsqu'on se fie de plus en plus aux examens en tout genre pour tenter d'y voir clair et d'y comprendre quelque chose dans l'apparition et la manifestation de la pathologie, c'est qu'on laisse de côté ce qui a, jusqu'à une date récente, fait la différence entre un « bon » et un « médiocre » docteur – à savoir sa faculté à décoder et à analyser ce que décrit et démontre comme symptômes le malade. Il faut, pour y parvenir, écouter et prendre le temps, questionner, réfléchir, jusqu'au moment où s'assemblent de manière cohérente les pièces du puzzle. Cela ne fonctionne pas à chaque fois, bien entendu, mais assez souvent pour que cela en vaille la peine d'essayer. Cette méthode de travail, disons « à l'ancienne », repose sur les capacités d'écoute et d'interprétation du docteur, ainsi que sur son expérience – laquelle augmente au fil des années et avec le nombre de patients consultés. Mieux le praticien maîtrise l'aspect relationnel et interactif de l'entretien initial, moins il a besoin de recourir à d'autres formes d'investigation, ou alors dans l'unique but de confirmer ou d'infirmer son impression initiale.

L'utilisation de ses propres connaissances, de ses propres ressources, évite le recours systématique et souvent inutile à des examens onéreux, au grand bénéfice de la Sécurité sociale. En théorie, les examens servent à confirmer – ou à infirmer, c'est selon – le diagnostic (présumé) initial.

En résumé, consacrer un peu plus de temps et d'attention au malade au moment de la consultation évite le recours massif et systématique à l'imagerie médicale. Idem en ce qui concerne les traitements, puisqu'en général, si le tableau est clair, un nombre restreint de médicaments est nécessaire pour traiter le malade.

Quelle est l'origine du problème ? Il puise sa source, tout au moins en partie, dans l'enseignement même des aspirants médecins, qui délaisse quelque peu les méthodes traditionnelles de diagnostic – anamnèse et examen physique – au bénéfice des analyses de laboratoire et de l'imagerie. La technologie existe, autant l'utiliser ; à bon escient, c'est tout à fait justifié.

Si l'on se replonge quelques dizaines d'années en arrière, comment s'y prenaient-ils ? Comment faisaient les docteurs pour prendre les décisions qui s'imposaient ? Ils se servaient de leur savoir et de l'ensemble des techniques d'auscultation qu'on leur avait appris durant leurs années d'études. Recevoir un patient et utiliser ses compétences pour trouver quel est son problème – ou au moins une piste à explorer –, c'est un travail intellectuel s'affinant et s'améliorant avec l'expérience. Et n'allons surtout pas prétendre qu'après de longues années d'études supérieures les jeunes docteurs ne sont pas suffisamment formés et instruits pour mettre leur intelligence au service de leurs malades. Il suffit de le vouloir, de le décider, et de s'y employer.

Pression exercée par l'industrie pharmaceutique

Elle existe bel et bien, en haut comme en bas de l'échelle. Tout est fait pour penser et raisonner « médicament ». De ce point de vue, les industriels du secteur ont fait très fort, installant aux manettes l'un des plus puissants et influents lobbies au monde.

Quelques chiffres pour se donner une idée de l'ampleur du secteur (bilan 2009) en France.

- Cinquante milliards d'euros de chiffre d'affaires – dont vingt-trois milliards réalisés à l'exportation.
- Environ cent huit mille salariés.
- Le coût de production des biens vendus représente en moyenne 23 % du chiffre d'affaires, ce qui fait que les produits sont vendus quatre fois plus cher que leur coût de production.
- 90 % des consultations réalisées en France se concluent par une prescription.
- Entre 1990 et 2009, le prix moyen d'un médicament a augmenté de 125 %, un prix souvent injustifié, ainsi que le note la Cour des comptes. Les laboratoires fixent eux-mêmes les prix des médicaments, lesquels sont rarement contestés par la CEPS, la commission chargée de surveillance.
- Premier rang pour la consommation d'antibiotiques, d'antidiabétiques, d'hypocholestérolémiants, d'antidépresseurs et de tranquillisants.

De nombreux rapports font état de conflits d'intérêts entre certains postes de professeur en faculté de médecine et la rétribution de ces derniers par les laboratoires pharmaceutiques. Un rapport – portant initialement sur le scandale du Mediator – établi par les docteurs Bernard Debré et Philippe Even, remis au chef de l'État en 2011, dénonce, entre autres, « qu'aujourd'hui la plupart des professeurs et des médecins des hôpitaux ont de multiples connexions dans les laboratoires, pouvant aller de dix à quarante contrats par personne. »

Aux États-Unis, un rapport rendu par le comité éthique et juridique de *l'American Medical Association* (AMA) en 2008 constate « que le financement industriel de la formation professionnelle a des conséquences qui menacent l'intégrité de la médecine et de la fonction éducative des enseignements qu'elle délivre. »

Sous couvert de « médecine scientifique », certains sont parvenus à imposer un diktat en termes de santé et de soins. Ailleurs qu'en la médecine officiellement reconnue – et remboursée, quelle aubaine, autant pour les médecins que pour les laboratoires pharmaceutiques – par l'État, point de salut. *On* a décidé une fois pour toutes de ce qui était bon pour la population, et un point c'est tout ! Nous vivons, paraît-il, dans un pays démocratique, mais nous n'avons pas le droit de choisir quelle médecine nous souhaitons pour nous et nos enfants ; enfin si, nous le pouvons, mais ce sera à nos frais : quel meilleur moyen de saboter toute tentative de développement d'un système de soins alternatifs !

Nous ne sommes pas à un paradoxe près. Il est reproché aux médecines naturelles leur manque de preuves de leur efficacité et de validation scientifique ; c'est vrai que tout n'est pas clair, bien que des pas de géant aient été accomplis dans ce domaine-là. Mais ne se moque-t-on pas du monde ? Savez-vous que les théories et les formules sur lesquelles repose la médecine « scientifique » sont corrigées, voire réfutées, à intervalles réguliers par ceux-là mêmes qui en firent des vérités infaillibles ? Que les nombreux tests et filtres censés garantir la sécurité des patients lorsqu'ils prennent un médicament n'empêchent en aucune manière de fréquents et graves dérapages mettant la vie des gens en danger ? Que les livres officiels traitant de la pharmacopée et des protocoles thérapeutiques datant d'à peine une vingtaine d'années sont aujourd'hui obsolètes, voire dangereux ?

Lisez donc ce résumé fait par le Pr Bernard Herzog lors du Congrès international des médecines alternatives : « Vous allez aisément comprendre que le fait d'ingurgiter un assemblage moléculaire, dont la fabrication de synthèse n'a pu se réaliser que sur une courte période récente n'excédant pas dix années, fait que nous n'avons aucun recul clinique sur l'observation des effets secondaires, notamment dans le cadre biologique de nos tissus et organes, survenant chez le patient dans les années suivantes, aussi chez les descendants. Les récents procès effectués aux USA, par exemple, pour le Vioxx, les anticholesterolémiants, qui sont en fait des chimiothérapies lentes, confirmeront aisément ces points de vue scientifiques... L'inflation pharmacologique de synthèse se résume dans l'épaisseur et le poids de nos Vidal où la liste des effets indésirables est résumée comme il se doit. Il est aussi logique de voir qu'à la suite de tels traitements il y aura autant de décès ! Et nous ne sommes qu'à l'aube de cette inflation ! »

Voyez également cet article paru dans la *Tribune de Genève* (septembre 2009), relatif aux maladies iatrogènes, c'est-à-dire provoquées à la suite d'un traitement médical : « Les maladies iatrogènes sont le fruit de l'intoxication médicamenteuse ou domestique non conforme à la biologie cellulaire. Le rapport Queneau (doyen honoraire de la faculté de médecine de Saint-Étienne, membre de l'Académie de médecine), effectué à la demande du ministère, évalue à entre 4 % et 15 % le nombre de malades hospitalisés relevant d'une iatrogénie médicamenteuse et à 20 000 les décès annuels liés à ces pathologies, soit l'équivalent d'un crash d'Airbus A320 chaque semaine... Chaque année en France, les maladies iatrogènes, c'est-à-dire provoquées par les médicaments, sont responsables de 5 à 10 % de la totalité des hospitalisations, soit 140 000 par an dont plus de 13 000 décès. C'est beaucoup plus que les accidents de la route. »

Tout est donc clair : d'une part, nous avons la puissante et richissime industrie pharmaceutique, de l'autre les distributeurs officiels des médicaments fabriqués dans leurs usines. Tout le système se tient ; personne n'a intérêt à ce qu'il change, pas plus les laboratoires – qui dépendent des médecins et des pharmaciens pour écouler leur marchandise – que les médecins – qui dépendent des médicaments qu'on leur propose pour soigner leurs patients. Le tout sous le regard bienveillant de l'État et l'étroite surveillance de l'Ordre des médecins – garant du système et du monopole.

Il y aurait encore beaucoup à dire et à redire sur les médicaments et le marché lucratif qu'ils génèrent, mais n'accablons pas outre mesure un système qui, à l'instar des grands problèmes de société restant à régler, ne se réglera jamais.

MÉDECINES ALTERNATIVES

« Le sage n'entend pas modifier par des moyens artificiels ou artificieux le cours naturel des choses. Il ne perd rien, car il ne s'est rien approprié : il n'a rien. Est-ce à dire qu'il n'usera pas de médicaments ? Non, sans doute, pour autant qu'ils viennent seconder ou aider les processus naturels ; mais il préférera l'acupuncture ou les médicaments à base de plantes. »

Nous allons nous intéresser aux principales d'entre elles, celles ayant résisté à l'épreuve du temps : médecine chinoise et ayurvédique (acupuncture, phytothérapie), homéopathie, chiropractie et ostéopathie. Les autres étant récentes, leur diffusion reste confidentielle. Seul subsiste et perdure ce qui fonctionne, ce qui a fait ses preuves au cours des décennies, voire des siècles. C'est le cas des médecines citées ci-dessus. Si elles n'avaient pas été efficaces, si elles ne parvenaient pas à soulager, parfois même à guérir les gens, jamais elles n'auraient survécu à l'épreuve du temps : preuve irréfutable de leur validité. On part du postulat que les médecines naturelles fonctionnent ; au départ, on ignorait de quelle manière ; puis la recherche s'en est mêlée et aujourd'hui nous comprenons bien mieux le pourquoi et le comment de leur efficacité.

Situation actuelle

Malgré une opposition farouche et tenace de la part de l'Ordre des médecins, les médecines parallèles/douces/naturelles ont peu à peu trouvé leur place dans le système de soins de la société française – même si leur développement reste marginal au regard de la médecine officielle. J'ai toujours pensé que les termes employés pour désigner les médecines non officielles avaient un petit côté péjoratif, dévalorisant, surtout médecine *douce*, quelle mièvrerie ! Comme si une médecine pouvait être *douce* et l'autre *dure* ou *rude* ! Quelle absurdité ! C'est une médecine, point.

Cela fait plus de vingt-huit ans que j'emploie la chiropractie et l'homéopuncture pour soigner mes patients ; à ce jour, j'en ai soigné un très grand nombre et, croyez-moi sur parole, autant l'ajustement vertébral que le planter d'aiguille constituent de puissants outils thérapeutiques.

Il est intéressant de noter comment sont nommées, de façon collective, les médecines non reconnues par les instances officielles : médecines *naturelles*. Si ces médecines-là sont naturelles, cela signifie que la médecine de référence, celle à laquelle on les compare et les oppose, ne l'est pas : elle est donc *artificielle*. Serait-ce possible que nous accordions, en tant que peuple, notre confiance à une médecine *artificielle*, de *synthèse* ? Il semblerait que oui.

Aujourd'hui, plébiscités par le public, les cabinets de chiropractie, d'acupuncture, d'homéopathie, d'ostéopathie et de naturopathie, ouvrent un peu partout en France – idem en ce qui concerne les herboristeries ; ce qui est bien normal, puisque ces thérapies sont efficaces et, dans leur globalité, dépourvues d'effets secondaires. À moins d'être médecin généraliste à la base, ce type de soins n'est pas pris en compte par la Sécurité sociale ; par contre, de nombreuses mutuelles remboursent deux à cinq séances par an, un réel progrès dans la prise en charge des traitements alternatifs.

En France, la population est habituée à se faire prendre en charge par la Sécurité sociale, laquelle rembourse à la fois les consultations médicales, les examens requis et les médicaments prescrits. Autant dire tout de suite qu'il est beaucoup plus facile pour un médecin de s'établir et de se bâtir une clientèle que cela ne l'est pour un thérapeute exerçant l'une des nombreuses professions de santé laissées de côté par les instances publiques. Cet état de fait favorise le développement et l'établissement de la médecine allopathique au détriment de toutes les autres, condamnées à faire de la figuration. Depuis que les thérapies alternatives ont fait leur apparition sur le sol français, il y a de cela un certain temps, l'Ordre des médecins se livre à une impitoyable chasse aux sorcières ; sous prétexte que ces médecines manquent de rigueur, qu'elles ne sont pas « scientifiquement prouvées », elles n'ont cessé d'être décriées, à tort et à travers. Il n'y a pas si longtemps, Arnold Relman, rédacteur en chef du *New England Journal of Medicine*, a évoqué la médecine alternative comme reposant essentiellement sur une « pensée irrationnelle ou chimérique » et des théories qui « violent les principes de base de la science ».

Hallucinant, non ? Pendant longtemps, ce dénigrement systématique et discontinu a fonctionné, cantonnant les thérapeutes des médecines naturelles à exercer dans l'anonymat, et bien souvent dans l'illégalité. Puis, petit à petit, les choses ont commencé à bouger et à évoluer, grâce entre autres à l'installation d'un nombre croissant de thérapeutes et d'une demande en augmentation constante. Les nombreux scandales liés aux effets secondaires souvent dramatiques des médicaments (Isoméride, Distilbène, Vioxx, Mediator, etc.) ont favorisé l'émergence d'une prise de conscience populaire ; non seulement les gens comprenaient-ils que prendre des médicaments n'était pas la panacée, mais qu'en plus cela pouvait s'avérer dangereux pour leur santé (!). Nous ne sommes pas à un paradoxe près.

Il n'y a pas vraiment de hasard dans la vie. Si la médecine officielle avait à elle seule les moyens de combler les attentes des patients, les autres thérapies n'auraient jamais vu le jour. Ce n'est de toute évidence pas le cas puisque aujourd'hui des milliers de praticiens spécialisés dans les médecines douces (plus de 25 000 ostéopathes, 5 000 homéopathes et 600 chiropraticiens, par exemple) consultent et traitent de nombreux malades déçus par les prestations conventionnelles – et conventionnées. Savez-vous, par exemple, que la chiropractie représente à ce jour la troisième puissance médicale au monde, derrière l'allopathie et la dentisterie ?

Les gens, de plus en plus soucieux de leur santé, privilégient les approches naturelles et non agressives pour se soigner.

- Si l'acupuncture ou l'homéopuncture peut les aider à supporter leur stress, à retrouver le sommeil, à quoi bon absorber des anxiolytiques et des somnifères ?
- Si un traitement à base d'acupuncture et d'homéopathie parvient à les sortir d'une dépression, ont-ils vraiment intérêt à prendre des neuroleptiques, de puissantes et dangereuses molécules de synthèse altérant la chimie cérébrale ?
- Si un déblocage vertébral suffit pour arranger un mal de dos tenace, pourquoi se gaver d'anti-inflammatoires, quitte à se provoquer des brûlures d'estomac ?

- Si une prise d'*Actea racemosa* ou de *Rhus toxicodendron*, en homéopathie, peut apaiser les tensions musculaires dorsales et cervicales, est-ce indispensable de prendre des décontractants musculaires tel le Myolastan ?

Et tant d'autres exemples de ce style…

Ce choix a un coût, et c'est bien là, à l'heure actuelle, l'ultime frein à l'évolution du marché : sans l'obstacle financier, la situation serait fort différente de ce qu'elle est aujourd'hui. Ce serait la fin du monopole de la médecine allopathique. Mais les enjeux économiques étant ce qu'ils sont, nous en sommes loin.

Campagnes de dénigrement

Les détracteurs des médecines alternatives ont tout fait pour les discréditer aux yeux du grand public.

- Formation insuffisante et inadéquate des praticiens

Critique totalement obsolète depuis une bonne quarantaine d'années, le cursus académique de la plupart des médecines alternatives d'envergure étant complet et exhaustif. Exemple : bac + 6 pour un *doctorat en chiropractie* ou un *doctorat en ostéopathie*, ce qui représente un peu plus de 5 000 heures de cours. La formation scientifique des docteurs en chiropractie est au moins égale à celle reçue par les docteurs en médecine.

- Manque de fondements scientifiques

Des centaines d'études gouvernementales et indépendantes ont validé à maintes reprises l'efficacité des principales médecines naturelles telles que l'acupuncture, la chiropractie ou encore l'homéopathie. Non seulement ces études prouvent l'innocuité de ces méthodes, mais elles confirment leur efficacité et leur moindre coût dans la prise en charge d'un grand nombre de pathologies communes. En d'autres mots, si la Sécurité sociale tenait vraiment à faire des économies, il faudrait commencer par intégrer dans le système de soins de notre pays les praticiens spécialisés dans les principales médecines alternatives, et dûment diplômés dans leur discipline respective.

- Comportements sectaires

Existe, vraiment marginal ; ne concerne pas les principales médecines dont il est question ici.

- Danger lié à certaines pratiques

Manipulation vertébrale, par exemple ; là aussi, de nombreuses études ont prouvé l'innocuité de la méthode, à la condition, bien entendu, qu'elle soit appliquée par un professionnel qualifié. Le danger le plus grave, d'origine vasculaire, est associé aux manipulations des vertèbres cervicales – estimé selon les sources à un cas pour un million de gestes effectués (études canadiennes) et à un cas pour cinq millions de manipulations réalisées (Pr. Vautravers, en France).

À titre comparatif, toujours en ce qui concerne les soins apportés aux troubles du rachis cervical – il faut comparer ce qui est comparable –, sachez que les AINS (anti-inflammatoires non stéroïdiens) sont responsables d'un accident grave (hémorragie, ulcère, décès) pour mille patients traités et que la chirurgie occasionne un nombre important de séquelles neurologiques et de décès. En clair, vous prenez un moindre risque à vous faire ajuster par un chiropraticien qu'à absorber des AINS pendant dix ou quinze jours d'affilée. Les dégâts collatéraux provoqués par les traitements médicamenteux et chirurgicaux sont si nombreux et fréquents que l'opinion publique ne s'en inquiète plus, comme si elle acceptait avec fatalité qu'il en aille de la sorte.

Quant à l'acupuncture, les incidents sont rarissimes si l'on respecte les règles d'application, comme nous le verrons en détail plus en avant.

L'homéopathie jouit d'une réputation flatteuse d'innocuité totale, même si nous devons garder à l'esprit qu'il s'agit de prescrire des médicaments, et que cela ne s'entreprend jamais à la légère, quels que soient la nature et le procédé de fabrication desdits médicaments.

Se soigner par les plantes – phytothérapie – existe depuis toujours, et ce, aux quatre coins de la planète. Chaque partie de la plante peut être employée, en fonction de sa valeur thérapeutique. Plus de 1 400 plantes recensées à travers le monde rentrent dans la catégorie des *Plantes aromatiques et médicinales* – ce qui ne veut pas dire, dans la réalité, que la liste s'arrête là, puisque de nombreuses espèces végétales restent encore à analyser, et d'autres à découvrir.

Une parenthèse, pour la petite histoire : il semblerait, les choses étant tout de même bien faites, qu'un certain nombre de maladies indigènes (ayant une prédilection géographique) coexistent avec le remède naturel permettant de les soigner – comme le saule qui pousse dans des lieux humides propices aux fièvres et aux rhumatismes. Cette théorie, en vogue au milieu du XVIIIe siècle, ne se vérifia qu'en de rares occasions et s'avéra anecdotique. Reste qu'elle était très populaire à une certaine période, comme en témoignent les lignes suivantes, que nous devons à Cazin : « [De nombreux auteurs, en Europe comme en France] ont prouvé que la nature ayant suffisamment pourvu chaque pays des sources nécessaires à ceux qui l'habitent, on peut, sans avoir recours aux substances exotiques, guérir les malades avec les remèdes tirés des plantes indigènes » ; et, plus loin, il apporte le commentaire suivant, emprunté à Fontenelle : « La botanique ne serait qu'une simple curiosité, si elle ne se rapportait à la médecine ; et, quand on veut qu'elle soit utile, c'est la botanique de son pays qu'il faut étudier. »

La recherche dans le domaine de la pharmacologie n'a rien de révolutionnaire, puisqu'elle s'est contentée pendant des décennies de prélever et d'analyser les constituants naturels de toutes sortes dans l'espoir de dénicher des molécules dont les propriétés pourraient servir à des fins thérapeutiques. Aux quatre coins du monde, surtout dans les endroits les plus reculés, les plus sauvages et inexplorés, des scientifiques mandatés par les grands laboratoires cherchent le végétal ou l'organisme vivant grâce auquel ils développeront de nouveaux médicaments. Les chercheurs mandatés par les laboratoires orientent leurs recherches en s'appuyant sur les coutumes locales - quelles plantes étaient utilisées pour tels symptômes, et avec quel résultat ? Par exemple, la morphine, principal remède contre la douleur, provient du pavot ; l'aspirine, qui se trouve dans l'écorce de saule ; ou encore la découverte de médicaments anticancéreux, les *alcaloïdes bi-indoliques*, comme la *vinblastine*, extraite de la pervenche de Madagascar, etc. Au total, 25 % du marché des produits pharmaceutiques, aux États-Unis, dépend d'actifs végétaux. Et une autre source affirme que « 70 % des produits présents sur les étagères des pharmacies sont issus plus ou moins directement de substances naturelles. » L'amélioration des produits naturels par la synthèse s'appelle *chimie médicinale*, fruit d'une étroite collaboration entre les laboratoires de pharmacologie et ceux de chimie.

Il est vrai, cependant, que la tendance des laboratoires pharmaceutiques, surtout depuis la seconde moitié du XXe siècle, est de se désintéresser des plantes médicinales en usage dans la plupart des pays du monde – il faut savoir qu'un très grand nombre d'êtres humains (environ 75 % de la population sur terre) continuent à se fier aux remèdes dérivés des plantes et végétaux de leur environnement pour se soigner, cela faisant partie de leur culture et revenant beaucoup moins cher que les médicaments modernes. Jusqu'à la moitié du XXe siècle, l'industrie pharmaceutique se fournissait encore largement auprès de la nature. Ensuite, pour des questions de coût, de désintérêt et de complexité, on laissa peu à peu tomber la formidable richesse encore inexploitée des ressources naturelles dans le domaine thérapeutique. Voici ce qu'en dit un auteur : « On remarque que le monde industriel de la seconde moitié du XXe siècle est la seule culture connue de l'histoire de l'humanité qui n'a plus considéré les plantes comme essentielles dans le traitement des maladies. Ce phénomène semble se développer de nos jours et il s'accompagne d'une progression effrayante du nombre de médicaments mis sur le marché : plus de 9 000 en 1998, aux États-Unis et sur ordonnance, alors qu'il n'y en avait que 300 en 1960. »

La tendance globale, à l'inverse, s'oriente plutôt vers un accroissement de la consommation des plantes médicinales ; on estime que deux personnes sur trois, dans les pays industrialisés, ont recours de façon régulière à la phytothérapie. En France, le marché des plantes médicinales est en pleine expansion : il a triplé en dix ans. Et l'une des raisons pour lesquelles les plantes sont plébiscitées par les patients, c'est parce que « la plante, c'est déjà un visage et un nom qui permettent le dialogue ; elle fait partie du monde partageable ; elle est compréhensible avant toute analyse ; elle s'adresse directement au mental et au corps, se propose d'emblée à la confiance. C'est peut-être le *seul intermédiaire de savoir* qui puisse encore opérer de manière tangible, au niveau thérapeutique, dans nos sociétés », selon l'analyse qu'en fait Lieutaghi.

Quoi qu'il en soit, il est infiniment moins risqué de se faire planter quelques aiguilles stériles sur le corps, ajuster une vertèbre, ou encore de prendre des remèdes homéopathiques/phytothérapeutiques, plutôt que d'avaler des médicaments chimiques ou de recourir à une infiltration à base de cortisone.

Il se trouve que l'ensemble des critiques formulées à l'encontre des médecines alternatives est sans fondement réel – hormis en ce qui concerne une minorité de praticiens aux méthodes fantaisistes et au savoir anecdotique. Comme dans n'importe quel domaine, les charlatans existent, et il est de notre devoir de ne pas les laisser dégrader un ensemble au demeurant de bonne qualité. Ne laissons pas une minorité discréditer la majorité.

Le fait de ne pas légiférer sur le statut des médecines alternatives est la cause de la disparité existant entre la formation – sérieuse – des uns et celle – minimaliste – des autres. Puisque l'ensemble de ces médecines n'a fait l'objet d'aucune mesure visant à en préciser les conditions d'exercice, cela a favorisé l'émergence d'une catégorie de pseudo-thérapeutes aux pratiques aléatoires et aux intentions douteuses. Tout cela aurait dû être défini et encadré dès le départ – ainsi que l'ont fait la plupart des pays modernes à travers le monde, comme le Canada, la Suisse, les États-Unis, l'Australie –, ce qui aurait évité les dérives. En tout cas, ce ne sont pas les médecines naturelles qui sont remises en cause, mais bel et bien un petit nombre de praticiens peu scrupuleux cherchant à profiter de l'aubaine pour s'enrichir sur le dos des patients les plus fragiles et les plus crédules.

Une formation rigoureuse et exhaustive

Toute médecine devrait se fonder sur un support tangible, concret, une façon d'opérer qui puisse s'enseigner et se reproduire d'un docteur à un autre ; à partir de cette base fiable, libre à chaque thérapeute d'exercer à sa convenance. Nous devons nous méfier des pratiques dites « énergétiques » ou « spirituelles », reposant sur la sincérité et la bonne foi du praticien, mais dépourvues de toute rationalité, de tout ancrage. Avant tout, chaque praticien devrait suivre une formation scientifique composée des matières fondamentales indispensables en médecine : anatomie, physiologie, histologie, psychologie, pathologie, et le reste. Et s'il est indispensable de suivre un enseignement rigoureux au départ, avant de se mettre à consulter, c'est pour quatre raisons principales.

- La première d'entre elles, c'est qu'il est impensable de soigner quelque chose que l'on ne connaît pas. On ne reconnaît que ce que l'on a appris, à moins de bénéficier d'une énorme expérience. C'est une évidence que, pour bien traiter le corps humain, il faut le connaître, en avoir appris et décortiquer le fonctionnement : imaginez donc un mécanicien qui ne saurait pas comment fonctionne le moteur dont il est censé trouver la panne pour ensuite la réparer ! Commençons par la case départ, avant d'envisager le reste. C'est bien le moins que nous devons à nos patients.

- La seconde, c'est que des études sérieuses sont indispensables pour faire taire les critiques et pour avoir une chance d'intégrer le système de santé.

- La troisième, c'est pour éviter des traitements inadéquats, des erreurs de jugement ou d'interprétation, de « louper » des pathologies graves qu'il faut vite référer à qui de droit. C'est une question de respect et de déontologie. À partir du moment où l'on assume la responsabilité de s'occuper de la santé des gens, il faut tout faire pour limiter et réduire le risque de commettre une bévue – laquelle pourrait s'avérer lourde de conséquences pour le patient. En tant que praticiens non reconnus, nous sommes par définition livrés à nous-mêmes, nos patients venant à nous par le biais du bouche-à-oreille ; ce qui signifie qu'ils ne sont pas envoyés par leur médecin et qu'ils peuvent donc en principe souffrir de tout et n'importe quoi ; la plupart du temps, c'est à nous de décider si les gens que nous recevons relèvent de notre compétence, ou pas ; et pour le découvrir, il faut posséder les connaissances requises. Un praticien sérieux, s'il en conclut que le mal dont souffre son patient ne relève pas de sa compétence, saura lui recommander d'aller consulter un confrère apte à le soigner.

- La quatrième, c'est pour pouvoir converser d'égal à égal avec n'importe lequel de nos confrères, qu'il soit allopathe ou non. Il n'y a rien de plus embarrassant que de se retrouver au milieu d'une assemblée de professionnels dont on ne comprend ni ne parle le langage.

Il y a toujours eu deux manières distinctes d'aborder son métier : soit en dilettante, soit en professionnel. Dilettantisme et santé font mauvais ménage, cela concernant le bien le plus précieux détenu par chacun de nous. D'ailleurs, les choses étant tout de même assez bien faites, les incapables et les charlatans ne font pas long feu.

Difficile de connaître le nombre exact de thérapeutes spécialisés dans les médecines parallèles exerçant en France ; d'autant plus que la médecine officielle, ayant compris qu'elle ne parviendrait pas à éradiquer la « concurrence », a décidé de l'absorber en proposant à ses médecins des formations dans les domaines de l'acupuncture, de l'homéopathie et de la thérapie manuelle. Comme quoi on peut être en disgrâce un jour et reconnu le lendemain. Il existe donc, sur le marché français, d'une part, des thérapeutes formés dans des collèges spécialisés dans l'enseignement des principales médecines parallèles et, d'autre part, des médecins ayant suivi une formation universitaire complémentaire.

Reste qu'il est délicat de s'extraire du carcan de son éducation : un médecin acupuncteur reste à la base un médecin allopathe ; il n'a pas « grandi » dans le contexte propre à l'enseignement des médecines naturelles, lesquelles reposent sur des concepts d'***homéostasie*** et d'***holisme***. On part du principe que l'organisme est doté d'une intelligence innée grâce à laquelle il veille en permanence à la stabilité de son milieu intérieur ; sitôt qu'un dérèglement se produit, tout est aussitôt mis en œuvre pour y remédier. Seulement, pour de multiples raisons qu'il convient d'identifier, il arrive que le corps échoue dans sa tentative de réparation, de guérison ; c'est à ce moment qu'interviennent les méthodes de rétablissement prônées par les thérapeutes spécialisés dans les médecines parallèles. Une intervention visant à stimuler telle ou telle fonction de l'organisme, une sorte de coup de pouce à la fois précis et non intrusif. L'organisme est conçu et prévu pour veiller en lui-même à son propre équilibre ; tout ce dont il a besoin pour y parvenir, c'est de disposer de l'intégralité de ses fonctionnalités – d'où l'importance accordée à *l'hygiène de vie*, ensemble de mesures procurant au corps les matières premières et les conditions adéquates indispensables pour fonctionner de manière optimale. Je fais bien sûr allusion à l'alimentation, à l'hydratation, au sommeil, à l'exercice physique, à la régulation de l'anxiété, autant de thèmes dont il est question ci-dessous.

LA PRÉVENTION, UNE UTOPIE ?

Considérations générales

> « La plupart des systèmes thérapeutiques à base de plantes [mais pas seulement - NDA] reposent sur des techniques de relaxation associées à de l'exercice physique et à une alimentation saine. Des centaines d'études mettent en lumière, avec une cohérence inattendue, les puissants effets chimiques dans les fruits et les légumes. Plus les gens consomment de fruits et de légumes et moins ils souffrent d'affections cardiaques, d'attaques ou de cancer - les trois principales causes de décès dans les pays industrialisés. L'apparition du cancer passe par un grand nombre d'étapes, et les produits chimiques contenus dans les fruits et légumes peuvent agir avec succès à l'une ou l'autre de ces étapes. Les fruits et les légumes sont donc efficaces non seulement dans la prévention du cancer, mais aussi pour détruire un cancer déjà développé. »

Propos recueillis dans « Nature et médecine : les plantes qui guérissent », *National Geographic*.

Si notre première intention, avant d'entreprendre des traitements agressifs, longs et coûteux, consistait à faire le point avec nos patients concernant leur hygiène de vie – pour en corriger les principales faiblesses –, je puis vous affirmer sans l'ombre d'un doute que les choses se dérouleraient d'une tout autre manière. La mesure serait encore plus efficace si ce type d'apprentissage pouvait être réalisé pendant la scolarité des enfants ; ils grandiraient avec d'autres habitudes, avec d'autres comportements qui les aideraient à se prémunir contre de nombreux maux dont l'évolution dépend en grande partie de nous-mêmes.

Se nourrir à la va-vite et n'importe comment, rogner sur son temps de sommeil et de récupération, se laisser submerger par le stress, ou encore abuser des cigarettes et de l'alcool, sont autant de comportements pathogènes qui, affaiblissant les systèmes de défense, contribuent à la vulnérabilité de l'organisme. Sur du long terme, les dégâts infligés à l'organisme sont considérables.

Plutôt que d'agir à chaque fois, ou presque, en aval, au moment où tout se déclenche, dans l'urgence, pourquoi ne pas anticiper ? Mettons toutes les chances de notre côté, les impondérables étant déjà assez nombreux comme ça sans qu'on aille au-devant des ennuis. On n'est jamais à l'abri d'un coup dur, même en respectant les règles du jeu ; un certain nombre de facteurs – et non des moindres – sur lesquels nous n'avons aucune emprise interviennent. Raison de plus pour agir sur ce qui est à notre portée. Et une personne confrontée tout d'un coup à une situation périlleuse sera mieux armée pour y faire face si elle est solide au départ ; sur le plan physique et moral, elle dispose de précieuses ressources.

Il est plus facile et moins contraignant de faire l'autruche, sans se remettre en cause – pas grand monde ne nous incite à le faire. Combien de médecins, avant de prescrire un traitement à base de médicaments, prennent le temps et la peine de faire le point avec le patient ? Prescrire des médicaments contre l'hypertension à un patient en surpoids, stressé et sédentaire, c'est prendre le problème à l'envers. Et pourtant, la réforme de la Sécurité sociale préconise la prévention !

Voyez les conclusions de cet article paru dans *Le Figaro santé* d'avril 2008, concernant l'activité physique : « Il est possible de réduire le risque de diabète, d'hypertension, d'obésité, de dépression par la pratique d'une activité sportive régulière. Pourquoi les médecins ne prennent-ils pas plus de temps pour expliquer à leurs patients le rôle bénéfique de l'exercice physique sur la santé ? Le nombre de malades du diabète, de l'hypertension, de l'obésité, du cancer ou de la dépression pourrait être revu à la baisse si les Français de tous âges intégraient dans leur mode de vie la pratique régulière d'une activité physique. Cette suggestion ne repose pas sur un dogme hygiéniste ou paramilitaire, mais sur une somme de travaux scientifiques réunis dans un document de plus de huit cents pages, *Activité physique, contexte et effet sur la santé*, réalisé et présenté hier par l'Institut national de la santé et de la recherche médicale (Inserm). Une conclusion générale s'impose : les maladies chroniques (diabète, maladies cardiovasculaires) qui explosent et frappent l'homme moderne sont aussi une conséquence de sa sédentarité, jamais égalée depuis la nuit des temps...

Un programme structuré d'activité physique réduit la pression artérielle chez les personnes hypertendues, écrivent les auteurs. Il permet de différer, voire de rendre inutile, le traitement médicamenteux d'une hypertension de diagnostic récent. L'activité physique est, pour cette raison, actuellement considérée comme un objectif prioritaire dans la lutte contre la pandémie de diabète de type 2 [celui dont l'apparition dépend en grande partie de notre hygiène de vie – NDA]. »

Un autre article, publié dans la rubrique Santé du *Nouvel Observateur*, indique ceci à propos des différentes formes d'arthrose pouvant affecter les articulations : « La deuxième forme d'arthrose, découverte très récemment, est celle des bons vivants qui conjuguent un léger diabète, une petite hypertension artérielle et un embonpoint caractérisé. On a longtemps pensé que la douleur dans les articulations n'était liée qu'au surpoids. Or, les obèses souffrent deux fois plus d'arthrose au niveau des doigts que les gens minces. C'est un fait avéré : la graisse produit des sécrétions néfastes pour les articulations. Face à cette arthrose, un seul traitement : une perte de poids significative et la pratique d'une activité physique à raison de quarante-cinq minutes trois fois par semaine. »

Quelle que soit leur provenance, les études en arrivent aux mêmes conclusions : nous sommes, dans une large mesure, responsables de ce qui nous arrive en ce qui concerne un nombre important de maladies, surtout dégénératives.

Réconfortés par le fait que sont disponibles sur le marché toutes sortes de remèdes censés soigner la plupart des maladies chroniques, pourquoi les gens s'embarrasseraient-ils de réajustements personnels fastidieux ? On continue à fonctionner comme on l'a toujours fait, et le jour où quelque chose dérape, eh bien on se fie à la médecine pour rétablir la situation. Les maladies chroniques et dégénératives nécessitent une prise en charge de longue haleine, en d'autres mots une prise de médicaments à vie : quel esclavage pour les uns, quelle manne pour les autres !

Habitudes et réticences

> « Ce qui est offense à la Nature, qui lui fait violence, est aussi *ce qui fait mal* – le trop de nourriture, l'alcool, le tabac, la drogue, le travail manuel pénible qui déforme le corps, les coups et blessures, la colère… »

Puisque l'on connaît les vertus de l'anticipation, grâce à des mesures qu'il nous suffit de suivre avec une relative constance et un minimum de discipline, pourquoi diable est-ce si difficile de s'y conformer ? Vaste sujet. Autant les études épidémiologiques que les études scientifiques ont démontré depuis longtemps que notre santé, surtout en vieillissant, était conditionnée par un certain nombre de comportements et d'habitudes relatives à notre façon de vivre. De façon empirique, les Chinois de l'Antiquité l'avaient déjà constaté. L'information est connue et accessible ; tout le monde a entendu parler de l'hygiène de vie et de son rôle primordial dans la prévention de la maladie.

Comme le disait Gandhi (*Lettres à l'Ashram*) : « Ne pas manger pour le plaisir qu'en éprouve notre palais, mais simplement pour que notre corps puisse fonctionner. » Proposition sans compromis qu'il nous est toutefois possible de nuancer.

Nous avons tous dans notre entourage un contre-exemple pour nous rappeler à l'ordre.

- Untel est décédé d'un cancer du poumon à 50 ans, il fumait comme un pompier depuis l'âge de quinze ans et ne se remuait jamais. Le jour où les médecins ont diagnostiqué sa maladie, il a déclaré qu'il en avait bien profité et qu'il continuerait à fumer jusqu'à sa mort.
- Un autre, représentant de commerce de 45 ans, courait comme un dératé du matin au soir, toujours pressé, perpétuellement anxieux ; il avait pris du poids et cherchait un semblant de réconfort dans l'alcool ; il a fini sur une chaise roulante après s'être endormi au volant et avoir percuté un arbre sur la route. L'accident s'est produit en début d'après-midi, après un gueuleton de plus, de trop.
- Et celui-ci, éternel fêtard vivant la nuit et dormant le jour, accro à la bouteille, au tabac et au cannabis, « victime » d'un arrêt cardiaque au petit matin à la suite d'une « bringue », et qui a eu la chance de survivre. Malgré tout, une fois rétabli, il ne change pas sa façon de vivre et reprend ses mauvaises habitudes.
- Ou encore cette femme de 35 ans, sédentaire et obèse, qui ne se nourrit que de sucreries et de plats industriels depuis des années ; elle a développé un diabète grave l'obligeant à un traitement d'insuline à vie, ainsi qu'à un régime strict bannissant tout ce qu'elle aimait, mais auquel elle se plie, car « elle ne veut pas aggraver son cas. »

Combien de drames, d'infirmités, de souffrances, pourraient être évités avec un minimum de sagesse et un peu de volonté ? Et pourtant, les choses n'évoluent pas, ou très peu. Trop de tentations, manque de volonté, absence de perspectives.

Savoir évoluer et s'adapter, c'est un signe indéniable d'intelligence ; tout le monde s'accorde à dire que les êtres humains sont plus intelligents que les autres espèces issues de la création ; auquel cas, comment expliquer que le changement soit quelque chose de si laborieux à entreprendre ? Que ce soit dans le domaine professionnel, affectif, familial, ou bien celui de la santé, il y a toujours un moment, une période, où les choses tournent mal, où l'on sent que l'on perd pied et qu'il devient urgent d'agir, afin d'éviter un drame ; c'est un paradoxe, mais c'est souvent au moment où il serait le plus urgent que nous agissions et que nous prenions des mesures radicales, que l'on se retrouve comme paralysé, incapable de la moindre initiative. Celui qui se fourvoie, et que l'on prend la peine de prévenir, d'informer, devrait réagir et redresser la barre en prenant les mesures qui s'imposent ; cela allant dans le sens d'une amélioration de ses conditions de vie, il semblerait naturel, évident, qu'il agisse sans tarder, reconnaissant de l'aide qu'on lui apporte. Dans la réalité, rares sont ceux qui réagissent : pourquoi donc ? Quelques éléments de réponse.

- Parce que nous n'avons pas été éduqués dans ce sens-là.

Nos parents nous ont élevés en nous inculquant toutes sortes d'habitudes, de réflexes, de comportements, qui ne tenaient pas compte de considérations (pour eux) lointaines, abstraites et hypothétiques. Ils faisaient leur devoir, ce dernier consistant à amener leurs enfants à l'âge adulte, en veillant à ce qu'ils aient un travail pour subvenir à leurs besoins. Pour le reste, qu'ils se débrouillent. Or, ce sont durant nos jeunes années que se mettent en place comportements et habitudes qui nous suivront une fois que nous serons devenus adultes : nous a-t-on mis en garde contre les méfaits de l'alcool, du tabac, de la nourriture riche et grasse, de la sédentarité ? Et ce ne seront pas non plus ceux de notre âge que nous fréquentons qui nous ouvriront les yeux, puisque eux-mêmes, au sujet de la santé, n'y connaissent rien – ce qui est logique puisqu'ils s'en moquent.

Là où l'on constate sans ambiguïté que les habitudes de santé se façonnent durant nos jeunes années, c'est en dentisterie ; grâce à des campagnes d'information répétées et inculquées depuis des décennies aux jeunes générations, les dentistes ont réussi à faire rentrer dans les mœurs qu'il était nécessaire de se brosser les dents chaque jour, tout comme il était recommandable de se faire examiner à titre préventif au moins une fois par an. Il s'agit de l'un des très rares exemples de réussite dans le domaine de la prévention.

Aujourd'hui, d'autres campagnes sont menées, chacune d'elles visant une catégorie bien précise : les femmes ménopausées et l'ostéoporose, la mammographie de contrôle pour la détection précoce du cancer du sein, les jeunes et l'alcool, le tabagisme, etc.

- Parce que la démarche est jugée fastidieuse et contraignante.

Dans l'esprit d'un grand nombre de personnes, faire attention à sa santé est jugé comme une entreprise austère ; d'ailleurs, en société, il n'est pas rare de se gausser de celui dont la manière de vivre est différente, parce qu'il fait attention à ce qu'il mange, parce qu'il n'a pas envie de boire et qu'il ne fume pas.

On n'a pas envie de se priver de manger quelque chose qui nous plaît, on n'a pas envie de se forcer à faire de l'exercice physique ; on refuse de renoncer à une soirée bien que l'on soit épuisé ; on continue à fumer parce qu'on aime ça, bref on se laisse mener par sa nature instinctive. La notion de plaisir, de satisfaction, l'emporte sur celle de renoncement.

- Parce que tant que l'on ne souffre pas, on ne réalise pas le moins du monde ce que « tomber gravement malade » peut vouloir dire.

La maladie, l'infirmité, le cancer, c'est chez les autres ; moi, ça ne me concerne pas. Formidable illusion. Des millions de gens vivent en parfaite inconscience, ignorant du fait qu'ils se suicident à petit feu. Le jour où la situation dérape, on tombe de haut. C'est toute la difficulté du partage des connaissances : sans le concours de l'expérience, elle reste une abstraction, une idée se cantonnant au domaine intellectuel.

Seul ce que l'on éprouve à l'intérieur de sa propre chair nous devient évident, puisque cela fait désormais partie intégrante de soi-même.

Seul un malade atteint du cancer peut comprendre ce que représente cette maladie, ce qu'elle provoque comme dégâts dans l'organisme ; seul un asthmatique comprend la signification d'une crise d'asthme ; seul un paraplégique sait ce que cela signifie que de perdre l'usage de ses jambes.

- Parce que nous ne pouvons nous projeter dans l'avenir.

Un jeune vit comme un jeune, en faisant ce qui lui passe par la tête ; ce qu'il lui adviendra plus tard ne l'intéresse pas ni ne le concerne ; c'est comme si vous lui parliez d'un autre. Le passé nous colle à la peau, son influence sur le moment présent étant déterminante ; l'avenir, par contre, ne se fondant sur rien de concret, nous échappe. Nous sommes dans l'incapacité la plus totale de nous imaginer autrement que ce que nous (considérons que nous) sommes au moment présent.

- Parce que l'idée de la mort nous trotte quelque part dans l'esprit.

Même si nous évitons d'y penser, elle est toujours présente ; on se dit que puisque nous sommes condamnés à mourir à une date et dans des circonstances qu'en plus nous ignorons, alors autant se faire plaisir et jouir de l'existence. Et pourtant, quoi de plus normal, de plus naturel, que de mourir ?

Lisez ceci, extrait d'un commentaire sur les écrits de Lao-Tseu : « Dire que l'individu est traité par la Nature comme "chien de paille" signifie que c'est ce qu'il est : une mode éphémère dans le cours infini de la vie universelle... Il [le sage] refuse de lui mentir sur la vieillesse et la mort... Il faut savoir renoncer à rester au sommet et, lorsqu'on décline, à faire de nouveaux efforts pour revenir au sommet. Il ne faut pas aller contre l'ordre naturel des choses, mais l'accepter. Lorsqu'on a atteint son *acmè*, ou le sommet de sa carrière, il faut se résigner au déclin. Le chemin de la vie n'est pas toujours montant ; il est aussi descendant, et pas plus qu'il ne faut aller vers le bas lorsque le chemin, par l'effet de la Nature, va vers le haut, il ne faut refuser d'aller vers le bas lorsque, par la force des choses, on suit le chemin descendant. »

- Parce que nous avons perdu le sens profond, sacré, de la vie.

Vivre, quel que soit le temps qui nous est imparti, est une expérience unique, exaltante, imprévisible : c'est pure folie de l'oublier ! Chaque jour, nous devrions nous réjouir de vivre. Qu'y aurait-il, *après*, qui vaille la peine que l'on ne jouisse pas au maximum de cette vie-ci, dans le respect, dans la dignité ? « Une vénération pour la Source généreuse qui les fait être – la Nature – et un respect pour la force de vie qui les soutient à être – vénération et respect appelés, exigés par aucun décret, mais naissant dans la liberté et la spontanéité. La vie s'accompagne d'une auto-approbation, d'une estime pour elle-même – s'accompagne d'une appréciation positive du fait de vivre. Les êtres, spontanément, aiment la vie et veulent continuer à vivre jusqu'à leur mort naturelle. »

Comme on le constate, les obstacles, nombreux, touchent des points sensibles. Pour remédier en masse au problème, nous aurions besoin de rééduquer la population – une utopie de plus.

Si nous nous projetons en arrière, très loin dans le temps, nous comprenons que le nombre de générations s'étant succédé les unes à la suite des autres est sidérant, chacune d'elles ayant eu – outre les immuables obligations liées à la survie – ses caractéristiques inhérentes, ses propres spécificités, qu'elles ont transmises à ceux auxquels elles ont donné la vie - eux-mêmes en ayant fait ce qu'ils en ont voulu, ou pu en faire. Nous sommes des êtres dont les ancêtres se comptent par centaines de milliers ; nous sommes la résultante d'une très longue chaîne ayant conduit l'espèce humaine à devenir ce qu'elle est aujourd'hui : une extraction atypique et hors norme échappée de la Nature.

Sans remonter aussi loin dans le passé de notre espèce, que penser des quatre ou cinq générations nous ayant précédés ? De quelle manière, et dans quelle mesure, ce qu'elles ont fait et ce qu'elles ont été nous influence-t-il aujourd'hui ? Avons-nous conservé la trace, en nous, de ce que furent nos aïeuls, de ce qu'ils firent ? Nous ont-ils légué, même de manière lointaine, diluée, une parcelle de leur histoire personnelle ? On peut s'interroger. Quoi qu'il en soit, si l'on se borne à la génération immédiate responsable de nous avoir mis au monde et de nous avoir éduqués, alors la réponse est oui, un oui franc et massif. Que d'influences avons-nous reçues ! Que de pensées nous a-t-on transmises ! Que de conseils nous a-t-on prodigués ! Et de combien d'influences et de préjugés aurions-nous besoin de nous libérer ! L'ensemble de ces influences a la propriété de nous embrouiller l'esprit et de nous détourner de nos aspirations originelles, celles que nous aurions eues sans tout cet encombrant bagage, sans toutes ces interférences dont on se serait volontiers passé. Cet héritage pèse sur nos épaules, sur notre façon de vivre, d'être et de faire. Quoi que l'on intente, jamais on ne pourra se défaire de l'imprégnation passive dont nous avons fait l'objet, étant petits, étant sous la coupe de nos parents, de notre famille, tout comme nous ne pouvons faire autrement que de la transmettre à nos propres enfants, perpétuant de la sorte un cercle vicieux où l'on se communique, comme un relais, le bon et le mauvais, le bonheur et le tragique, ces histoires de famille parfois lourdes comme du plomb et qui, tels des filins lancés du passé, nous retiennent, nous ligotent, nous empêchent d'avancer. Avant de devenir ce qu'il est prévu que l'on devienne, il faut se départir de ce qui nous retient, de ce qui, au lieu de contribuer à nous encourager à aller de l'avant, au contraire, nous tire par la manche, menaçant de nous faire basculer en arrière. Être soi-même, lorsqu'on est le fruit d'une si longue et si chaotique lignée, comment est-ce possible ? Et si c'est impossible, comment espérer, un jour, vivre sa vie en paix ? À méditer.

Solutions

> « Il y a ce qui dépend de nous, il y a ce qui ne dépend pas de nous. »
>
> **Épictète**

La solution au problème se trouve dans des améliorations prescrites au compte-gouttes, adaptées aux capacités de chacun. Je m'explique : chacun de nous s'étant construit d'une certaine manière, qui lui est propre, le résultat de ce que nous sommes, à un moment donné dans notre parcours, est le fruit d'une multitude de paramètres imbriqués les uns dans les autres, les uns à la suite des autres, avec plus ou moins de bonheur et de cohérence. Certains auront eu de la chance, d'autres un peu moins, et une minorité n'en aura vraiment pas eu du tout. Comment cela se fait-il ? Parce que personne, dans leur entourage, dans leurs fréquentations, n'a pu/su servir d'initiateur. L'individu a grandi sans que quiconque ne lui enseigne comment prendre soin de sa santé, comment tenir à distance les mauvaises habitudes, les influences délétères. Dépourvue de repères, privée de valeurs et de connaissances dans le domaine de l'hygiène de vie, la personne grandit sans cohérence, sans tuteur, sans un minimum de bases. J'entends souvent les patients me décrire dans quelles conditions ils ont été élevés, livrés à eux-mêmes, sans bénéficier d'une réelle éducation, sans la vigilance de leurs parents : rien d'étonnant à ce que, parvenus à l'âge adulte, ils ne sachent pas comment prendre soin d'eux-mêmes. Quant au rôle joué par la société, de ce point de vue là, il est pour ainsi dire inexistant.

On ne change pas, on évolue par toutes petites touches, et dans la durée.

Gardant à l'esprit ce principe, il est inutile, voire contre-productif, d'aborder quelqu'un de manière frontale et directe, en essayant de lui inculquer et de lui faire accepter toute une série de mesures qu'il refusera en bloc. Le résultat de l'opération serait un échec total. Essayons plutôt de discerner quelles sont les principales faiblesses de la personne se trouvant en face de nous et que nous cherchons à aider. La première étape consiste à identifier les habitudes et comportements les plus nocifs, révélateurs de l'ampleur de la tâche. Ensuite, on essaie de négocier avec le patient tout en estimant jusqu'où il est prêt à aller, sans que cela ne l'angoisse ou ne lui pèse de façon excessive. Sachant que rien de beau ou de grand ne s'accomplit sans qu'au départ on ne soit parti de quelque chose de modeste, on ne précipite rien, on prend son temps : on se conforme à la lenteur des choses.

Je pense par exemple à quelqu'un auquel on n'aurait jamais appris à manger sainement et qui se nourrirait de pizzas, de hamburgers, de frites, de desserts, de boissons sucrées – un peu caricatural, mais pas si éloigné que ça de la réalité pour certains. En moins de temps qu'il n'en faut pour le dire, l'individu devient obèse et son avenir s'assombrit – cholestérol, diabète, risques accrus d'embolie, usure précoce des cartilages... Comment faire pour rétablir la situation ? Ce n'est pas une mince affaire, on s'en doute bien. Il faut y aller en douceur. Cette personne est incapable, du jour au lendemain, de modifier radicalement ses habitudes alimentaires ; nous allons ensemble, en accord, décider d'une tactique, afin d'amorcer un virage, lequel ne sera pas à angle droit, mais de grande ampleur. On pourrait, dans un premier temps, convenir que les repas de midi comportent des légumes et des fruits, en lieu et place des frites et des desserts trop riches. Et s'entendre sur, disons, deux marches d'une heure par semaine, auxquelles peuvent se substituer la natation ou du vélo, deux activités physiques aux effets physiologiques comparables.

Le mieux étant l'ennemi du bien, on se contente de ce nouveau régime, le temps pour la personne de s'y caler et de s'y accoutumer ; ensuite, on laisse venir, tout en suggérant que, moyennant un autre petit effort, on pourrait encore améliorer de façon notoire les choses : si le patient se montre disposé, alors c'est parfait, nous pouvons passer à l'étape suivante ; s'il rechigne, on laisse tomber, on n'insiste pas. Laissons agir le temps.

Ce que j'ai remarqué, c'est qu'un effet en entraîne volontiers un autre ; à partir du moment où l'on met le doigt dans l'engrenage, il devient plus facile de progresser – le plus difficile étant de faire le premier pas. Notre patient obèse a fait preuve de sérieux, de bonne volonté ; deux mois après avoir commencé le programme que nous avons élaboré ensemble, il a perdu cinq kilos ; il se sent très fier de ce qu'il a réussi à accomplir. Dans sa tête, quelque chose s'est modifié ; il n'est plus en mode « je me laisse complètement aller », mais plutôt dans l'état d'esprit de quelqu'un qui découvre qu'une autre façon de vivre est possible et qu'elle apporte d'énormes satisfactions, ainsi qu'un bien-être qu'il n'imaginait même pas être possible. De ce fait, c'est lui à présent qui est en demande : « Que dois-je faire pour enclencher la vitesse supérieure ? », questionne-t-il. Nous poursuivons dans la même direction : manger sainement et se dépenser davantage, sans exagérer. Éviter toute précipitation. On se met d'accord sur les modalités de l'étape suivante, en respectant les règles établies au départ : suivre à la lettre les engagements pris et ne pas transgresser, sous aucun prétexte. Cette fois-ci, au niveau alimentaire, nous alternons entre restriction (on poursuit notre combat sans merci contre la nourriture malsaine) et addition (on introduit petit à petit de nouveaux aliments fournissant à l'organisme vitamines, minéraux, fibres, et autres éléments clés).

L'idée derrière tout ça, c'est, dans un premier temps, d'amorcer un changement, puis de le pérenniser ; pour y parvenir, il faut que l'engagement soit supportable, acceptable pour le patient. Bien entendu, la condition *sine qua non* pour que cela se réalise, c'est avant tout un désir sincère de la part de la personne concernée d'améliorer son état de santé.

Le processus psychologique et physiologique mis en route est complexe et profond ; il s'agit de reprogrammer l'organisme, de le faire basculer petit à petit d'un type de fonctionnement à son opposé. Le résultat final est une modification en profondeur dans sa façon de vivre, une transformation dans la perception que l'on a de soi-même. Vivre sainement représente un choix de vie ; c'est une conception de l'existence et de soi-même fondée sur la dignité, le respect et la recherche d'un équilibre corps-esprit offrant sérénité et confiance. Lorsqu'on est en bonne santé, on a de l'énergie, de l'aisance dans son corps et de la réactivité au niveau de l'esprit. Bref, on aborde son existence en bonne possession de ses moyens, prêt à s'adapter aux situations les plus diverses ; on se met dans les dispositions idéales pour mener sa vie en se faisant chahuter le moins possible par son environnement.

Tout le monde n'étant pas à la conquête du Saint Graal, chacun reste libre de s'arrêter en cours de route, là où il/elle lui semble devoir s'en tenir.

- Certains entreprennent la démarche dans le but de tenir éloigné d'eux le spectre de la maladie – une attitude relevant davantage de la crainte que de l'envie.
- D'autres l'entreprennent à la suite d'une grave crise ayant bouleversé leur existence.
- D'autres encore souhaitent découvrir et explorer leur potentiel physique et/ou intellectuel ; pour y parvenir, ils sont disposés à se pousser dans leurs retranchements.

En fait, on aborde les sujets de la santé et de l'hygiène de vie selon un angle allant du *refus/déni*, à celui de la *recherche/quête*. Je m'explique : parfois, ce qui motive quelqu'un, c'est le rejet d'une habitude, d'une manie, d'un état que l'on ne supporte plus : « Je ne veux plus ressembler à ça ; je ne me supporte plus tel que je suis » ; c'est sous la contrainte du mal-être, ou encore la peur de la maladie, que l'on se décide à agir, mais pas par envie, pas par choix. L'intention consiste à enlever quelque chose d'indésirable de sa vie, pas forcément d'ajouter quelque chose : la démarche n'est pas la même, car l'une s'effectue sous la contrainte, tandis que l'autre dépend de la volonté. L'état d'esprit dans lequel on se trouve au moment d'aborder les changements que l'on se donne pour objectif d'initialiser et de réaliser a de profondes répercussions sur la poursuite du projet. Une personne qui ne se supporte plus telle qu'elle est devenue, mais qui a également en tête une idée assez claire de ce qu'elle souhaiterait devenir, renonce de bonne grâce à ses mauvaises habitudes et accepte avec joie d'en intégrer de nouvelles, qui l'aideront à atteindre son but plus vite et dans de bonnes conditions. Son discours ressemble à quelque chose de ce style : « Docteur, cela fait trop longtemps que je me néglige, je suis mal dans ma peau et dans mon corps ; je veux que ça change ; j'aimerais que vous m'aidiez à recouvrer une santé digne de ce nom, je veux retrouver une silhouette correcte, faire la paix avec moi-même. J'ai bien conscience que ce ne sera pas facile, mais je suis déterminé(e) à aller jusqu'au bout, jusqu'à ce que j'atteigne l'objectif que je me suis fixé(e). »

Quelle que soit la motivation, quel que soit l'objectif, nous sommes là pour aider quiconque le désire à concrétiser ses attentes – dans la mesure du raisonnable, cela va de soi. Mettre en place une tactique adaptée aux besoins et au potentiel de chacun, cela relève du *coaching de santé*, une approche personnalisée dont l'objectif consiste à redonner à quelqu'un la santé qu'il/elle a perdue.

Revenons un instant aux mesures préventives. De très nombreuses personnes, en surpoids, cherchent à maigrir ; pour y parvenir, elles font confiance à des régimes « miracles » leur garantissant un résultat rapide et durable. Outre le fait que ces régimes soient inconcevables sur la durée, ils sont en plus dangereux. Privilégiant telle ou telle famille d'aliments (protéines, glucides, lipides) au détriment des autres, ils provoquent d'importantes carences d'un côté et de graves excès de l'autre. Rien dans la nature ne nous prédispose à nous nourrir en exclusivité de protéines, de fruits, ou que sais-je encore ; nous sommes des créatures omnivores, ce qui signifie que nous sommes conçus pour manger de tout. C'est donc ce qu'il convient de faire (à quelques exceptions près), dans des proportions variables et raisonnables. À partir du moment où vous rentrez dans un régime situé aux antipodes de ce que vous mangez d'ordinaire, soyez certain, outre le fait qu'il risque fort de vous détraquer le système digestif, que vous ne le supporterez pas longtemps. Et qu'en est-il des résultats obtenus, disons un ou deux ans plus tard ? Désastreux ! La quasi-totalité des gens s'étant pliés à ce genre de régimes reviennent à la case départ, parfois même pire qu'au départ. Je vois mal l'intérêt de la démarche.

Autant le dire une bonne fois pour toutes : *il n'y a pas de recette miracle*.

En médecine comme en santé, pour obtenir un résultat, il faut lutter, ne serait-ce qu'un minimum. Si quelqu'un vous promet monts et merveilles sans que vous n'ayez à fournir le moindre effort, fuyez ! Trêve de plaisanterie, rien ne sert de suivre à la lettre les recommandations farfelues de ces régimes tout juste bons à vous extorquer de l'argent. Si vraiment vous avez un problème de poids et des soucis de santé, et si vraiment vous voulez en venir à bout, alors l'unique recette éprouvée et fiable pour y parvenir, c'est d'allier nutrition et exercice physique, comme dans l'exemple décrit ci-dessus. Il est préférable de modifier et d'améliorer plutôt que de tout chambouler, tout en se remettant à bouger.

En vieillissant, le *rythme métabolique de base* (ce que notre organisme brûle comme calories au repos) ralentit ; en clair, nous consommons moins de calories à quarante ans qu'à trente, à soixante ans qu'à cinquante… et pourtant nous continuons à manger autant. Fatalement, au bout d'un certain temps, un déséquilibre s'installe, avec pour conséquence que le surplus de calories est stocké dans le corps sous forme de lipides (graisses) – hanches et cuisses pour les femmes, ventre pour les hommes. Combien de fois cela m'arrive-t-il d'entendre les patients me raconter avec nostalgie les prouesses physiques dont ils étaient capables dans leur jeunesse, pour ensuite me dire qu'ils n'ont plus pratiqué de sport depuis dix, quinze ou vingt ans ? « Vous comprenez, m'expliquent-ils, je ne trouve pas le temps, le boulot, la famille, et puis le soir venu je suis crevé, je n'ai qu'une envie, c'est de me détendre et de me reposer. » Soit ! Mais dans ce cas, il faut assumer et ne pas se plaindre. La vérité, c'est qu'on s'invente toutes sortes d'excuses et de prétextes pour remettre aux calendes grecques le moment où l'on va se ressaisir. En tout cas, une chose est certaine : s'en tenir à du régime sans le soutien de l'activité physique est voué à l'échec. Si l'on absorbe moins de calories durant la journée, il faut de même se débrouiller pour en dépenser plus. De cette manière-là, on peut espérer de bons résultats.

Un autre aspect essentiel de notre santé est le sommeil. De plus en plus de personnes se plaignent de mal dormir, ou pas assez, ou encore d'avoir un sommeil chaotique, ponctué de phases d'éveil. Un problème fréquent, dont il importe de distinguer la cause avant d'envisager un traitement.

Tout d'abord, il arrive qu'un « mauvais » sommeil soit provoqué par des situations de vie dramatiques – décès, divorce, maladie, perte d'emploi – expliquant pourquoi la personne dort mal et/ou peu. Dans ce cas précis, il s'agit d'une réaction psychique normale consécutive à un gros stress émotionnel, une situation qui finira bien par s'arranger avec le temps.

Mais pour les autres, le problème semble d'origine multifactorielle et il est beaucoup plus difficile à résoudre ; trop de soucis encombrent l'esprit de l'individu, trop de problèmes ne trouvant pas de solutions s'accumulant les uns à la suite des autres, une sorte de trop-plein finissant par avoir des répercussions aussi qualitatives que quantitatives sur le sommeil. Soit on a du mal à s'endormir – parce que sitôt qu'on s'allonge dans son lit et qu'on éteint la lumière on se met à penser à tout ce qu'on vit –, soit parce qu'on se réveille au milieu de la nuit pour ne plus se rendormir, faute de pouvoir faire le vide dans sa tête. Dans chaque cas de figure, le résultat est identique : on se lève fatigué, avec les idées embrouillées. Si la situation s'éternise, on va finir par manquer de sommeil, par perdre en concentration, en qualité d'analyse, en faculté de discernement, en patience. Un insomniaque est facilement irritable et impatient. C'est donc un authentique problème de santé qu'il ne faut pas prendre à la légère.

L'une des premières choses à vérifier, c'est le *rythme* : a-t-on des habitudes de sommeil régulières ou aux contraires fluctuantes ? Si l'on a pris l'habitude de regarder la télévision tard le soir, alors que le lendemain il faut se lever de bonne heure, la cause paraît évidente – d'autant plus que la relative excitation provoquée par la lumière et le son de la télévision ne facilite pas l'apparition du sommeil, une fois couché. En semaine, si l'on travaille ou que l'on étudie, on a vraiment intérêt à se fixer des horaires réguliers, un peu comme on le fait pour les repas ; l'organisme va se caler sur le rythme que vous lui donnez, une sorte de conditionnement facilitant la fonction recherchée. À titre d'exemple, si vous mangez à midi, midi et quart chaque jour, votre organisme va se caler sur ce rythme et se préparer à la digestion avant même que vous ne commenciez à manger. Concernant le sommeil, c'est à peu près pareil : notre organisme réclame de la régularité, de la stabilité. Et si cela ne suffit pas à améliorer la situation, alors on aborde l'étape suivante qui consiste à se faire soigner, tout au moins pendant un certain temps, le temps pour le cerveau de se recaler, de basculer de l'éveil au sommeil sans que cela ne prenne des heures. Au lieu de prendre des somnifères puissants, essayez d'abord les remèdes homéopathiques, les tisanes apaisantes, ou encore l'homéopuncture, qui donne de bons résultats. Et seulement en cas d'échec envisage-t-on de recourir à des médicaments chimiques, lesquels développent une accoutumance.

Pour accepter de nous remettre en cause, de nous remuer, nous avons besoin d'un puissant stimulus : soit la perspective imminente d'une maladie invalidante, soit le fait de ne plus se supporter tel que l'on est (ou que l'on devient). Comme par hasard, les patients avec lesquels nous effectuons les progrès les plus spectaculaires rentrent dans l'une des deux catégories précédentes.

LA SUBTILE ALCHIMIE DE LA GUÉRISON

« Ce n'est qu'en reconnaissant la maladie comme maladie,
qu'on s'exempte de la maladie. »

Lao-Tseu

Relation docteur/patient

Nulle thérapie, aussi efficace soit-elle, ne peut se passer d'un contexte, d'un support, d'un cadre au sein duquel elle s'inscrit. L'homéopuncture ne fait pas exception à la règle. Recevoir quelqu'un et se contenter de lui faire une séance d'homéopuncture, de chiropractie, d'ostéopathie, ou autre chose, c'est bien, mais c'est insuffisant. L'individu que nous recevons n'est pas qu'une douleur, une pathologie sur laquelle nous allons nous focaliser au point d'en oublier de découvrir qui se profile derrière cet ensemble plus ou moins cohérent de symptômes !

Le premier acte thérapeutique réside dans l'accueil réservé au patient par le docteur s'apprêtant à le soigner.

Avant d'être un patient, la personne en face de nous est une femme/un homme ayant son vécu, sa vie présente avec ses joies et ses peines, ses peurs, ses désirs, et tant d'autres choses encore. N'oublions jamais que les patients que nous recevons sont des hommes et des femmes, comme nous ; en dehors du cabinet, nous sommes tous mis sur un pied d'égalité. Chacun d'entre nous connaît un parcours dont les grandes lignes sont similaires, à quelques exceptions près : enfance, adolescence, jeune adulte, entrée dans la vie active, vie de couple et projet familial, naissance des enfants, étapes qui se suivent et dont l'aboutissement est la mort. Tout un chacun affronte au cours de son existence son lot de contrariétés, de déceptions, de peines, et reçoit en contrepartie sa part de bonheur, d'accomplissement, de réussite.

Ce qui nous différencie, sur le moment, c'est le rôle tenu par l'un et par l'autre : d'un côté celui qui soigne, de l'autre celui qui vient se faire soigner. De manière provisoire, le docteur a l'avantage sur le malade, puisqu'il détient *a priori* un savoir-faire dont a besoin ce dernier pour guérir. Les médecins ont toujours bénéficié d'une sorte d'aura, un respect témoigné à leur égard par la population. Détenir le pouvoir de soigner, mieux encore, celui de guérir, c'est l'assurance de recevoir considération et estime. Raison de plus pour rester vigilant et ne pas prendre la « grosse tête » !

Je crois que nous devons rester modestes et faire preuve d'humilité ; face à l'Autre, à sa souffrance et à sa détresse, nous sommes peu de chose, et ce qui accable notre patient peut très bien nous frapper à notre tour. Alors posons-nous la question de savoir, si nous étions à la place du malade, quelle impression nous nous ferions à nous-mêmes : en bref, aurais-je envie de me faire soigner par moi-même, si j'étais un patient ? À force de recevoir et de soigner à longueur de temps des gens en souffrance et en mauvaise santé, on en oublie quelque peu l'impact réel de la maladie sur la vie quotidienne.

Comprendre l'Autre, pour un docteur, cela s'appelle la *compassion*.

Et s'il est une qualité qui domine, et de loin, toutes les autres, c'est bien celle-là.

Si la relation s'établissant entre le docteur et son patient repose sur des fondations saines et solides, la moitié du travail est déjà accomplie ; l'autre moitié, ce sera le traitement en tant que tel qui s'en chargera.

Une autre facette de la relation thérapeute/patient, négligée par la plupart des docteurs en activité, consiste à prendre le temps d'expliquer au malade ce dont il est affecté et la raison pour laquelle il souffre – à la condition de le comprendre soi-même ! Les gens que nous rencontrons, à l'inverse de nous, n'ont ni éducation scientifique ni savoir médical ; ils ne connaissent pas le corps humain et ignorent comment fonctionne leur organisme ; en fait, ils ne se connaissent pas. Ce dont ils sont constitués est mystérieux. Tant que tout va bien, personne n'y pense. Mais lorsque survient un problème de santé, surtout s'il est grave, c'est la panique : pourquoi mon corps me trahit-il ? Quel organe est touché et que va-t-il m'arriver ? Parviendra-t-on à me guérir, et si oui, comment ? En serai-je affecté, à l'avenir ? Je suis persuadé que les explications font partie de la thérapie ; le fait de démystifier le mal dont on est « victime » aide à le combattre ; sinon, cela revient à lutter contre un agresseur sournois, masqué, un adversaire dont on ignore la nature et les intentions. Si un jour, c'est vous qui vous retrouvez dans ce cas de figure, vous qui tombez malade, vous qui avez peur, exigez de connaître la vérité, réclamez des explications, on doit vous les fournir – et ce, en termes clairs et intelligibles. Si un docteur tente de vous noyer dans un charabia technique, ne vous laissez pas faire.

Intégrer les paramètres

Quoi de plus ardu que de soigner quelqu'un et de le conduire vers la guérison – ou du moins une amélioration notoire et durable de son état de santé ? Initialement, au moment d'entreprendre de longues études de médecine, on ne pense qu'à ça : étudier et emmagasiner un maximum de connaissances. À la fin de la quatrième année, on commence à utiliser son savoir didactique, on se met à raisonner, à synthétiser entre elles les matières scientifiques figurant au programme. Et c'est à partir de là que les choses deviennent intéressantes, puisqu'à compter de cette date il va falloir réfléchir à chaque fois qu'un nouveau patient se présente devant nous : chercher ce qui ne va pas, trouver la/les défaillance(s), débusquer l'origine du problème. Et c'est loin d'être évident, car l'être humain, bien qu'il fonctionne en circuit fermé, n'en demeure pas moins exposé aux influences de son environnement, lesquelles sont innombrables.

Bien qu'issu du même moule, chacun de nous est un exemplaire unique d'homme ou de femme. Les variations physiques concernent la taille, la corpulence, la couleur de la peau, les traits du visage, la pilosité et la capillarité, et bien d'autres détails encore. Un moule unique pour des reproductions à l'infini, parfaitement originales : incroyable, ne trouvez-vous pas ? Et que dire du contenu du cerveau ! Là, on ne calcule même plus, la complexité atteint son comble.

Chaque individu est constitué d'un corps physique, d'un psychisme et d'une spiritualité.

Corps physique

« Le corps doit nous être cher, car du bon état du corps dépend la santé et, de celle-ci, la durée de vie, et aussi pour considérer que, plus que les biens et la fortune, précieuse est la santé, car ceux-là ne sont que des avoirs, tandis que ceux-ci concernent notre être. »

Le corps physique est lui-même divisé en trois groupes principaux.

- La partie *structurelle* (os, cartilages, muscles, tendons, fascias), en fait le squelette – 15 % du poids corporel – et les tissus auxquels il sert de support – 25 à 35 % du poids du corps – et qui le font bouger. Grâce au squelette et aux muscles, nous jouissons d'une grande liberté de mouvements, d'une protection efficace pour les organes internes et le cerveau.
- La partie *organique*, viscérale (foie, reins, rate, poumons, cœur, pancréas, estomac), protégée de l'extérieur par les muscles et les os, comme mentionné ci-dessus. L'ensemble des organes internes – environ 25 % de la masse corporelle – gère les fonctions métaboliques de l'organisme, allant de l'assimilation des aliments (estomac et intestin grêle) à l'évacuation des déchets (colon et reins) qui en résulte. Cela concerne également le cœur (circulation du sang) et les poumons (oxygénation des tissus), dont chacun connaît *grosso modo* le fonctionnement.
- Le tout étant coordonné par des *systèmes* (endocriniens, nerveux, immunitaires, lymphatiques, sanguin) assurant la coordination entre les différents constituants du corps et baignant dans un milieu aqueux.

Psychisme

Personnalité, caractère, tempérament, intelligence, intuition, spiritualité, sentiments... Du point de vue psychique, le point faible se trouve du côté émotionnel. Depuis notre prime enfance, nous accumulons des sensations et des expériences de vie tantôt plaisantes, tantôt douloureuses ; avec le passage des années, tout ce que nous avons vécu contribue à faire de nous ce que nous sommes au présent. De nombreux individus grandissent en accumulant les chagrins et les rancœurs ; mais c'est le manque d'amour – subjectif ou objectif – qui est le plus grave. Si l'on a souffert de mauvais traitements, de brimades, d'injustices, de privations, une chose est certaine : on ne pourra pas mener une vie « normale », saine et épanouissante – à moins de se livrer à un travail personnel, et encore n'est-on pas sûr du résultat. Et la raison pour laquelle ce ne sera pas possible, c'est que nous consacrons une grande partie de notre vie à tenter de soulager les blessures anciennes. Retenu par le passé, comment vivre avec sérénité le présent et comment envisager l'avenir ?

Je suis persuadé que chaque être humain détient au fond de lui-même un potentiel de créativité et d'épanouissement suffisant pour le combler sa vie durant ; par malheur, la vie étant ce qu'elle est, la plupart d'entre nous n'accèdent jamais à ce trésor. Pour vivre sa vie, pour aller dans le sens qui nous correspond, nous devons nous sentir en paix avec notre passé, c'est-à-dire avoir absorbé et digéré les principaux événements pénibles et douloureux dont il est composé : ce n'est pas une mince affaire ! C'est l'une des raisons pour lesquelles certaines personnes adoptent un comportement suicidaire ; asphyxiées par leur passé, elles sont dominées par les émotions négatives tels la colère, le ressentiment, la jalousie...

Spiritualité

« Confiant que chacun a en soi ce trésor qui le fait participer au tao,
et qui est principe d'une toujours nouvelle naissance.
Car la Nature est bonne et source de bonté. »

Commentaires sur le *Tao-Te-King*.

Elle est sous influence de l'histoire, de la religion et de l'éducation. Cet aspect de notre vie intérieure concerne notre rapport à Dieu (ou autres entités supérieures), de même notre perception du lien corps/esprit. Qui sommes-nous ? D'où venons-nous ? Qu'arrivera-t-il à mon âme au moment de mourir ? La vie sur terre est-elle orchestrée par un Être supérieur ? Voilà le genre de questions (métaphysiques) gravitant autour du domaine de la spiritualité ; des interrogations auxquelles personne n'a la réponse, mais à propos desquelles beaucoup ont des certitudes. Fait curieux : c'est autour des questions les plus abstraites que s'échafaudent les convictions les plus rigides et sectaires.

Comment ces composantes interagissent-elles ? Quel aspect de la personne « domine » les autres ? Existe-t-il un point faible, et si oui, où est-il situé ? Tout bien pensé, qu'un être humain puisse fonctionner « normalement » en parvenant à harmoniser chacune des parties le constituant, c'est miraculeux... et sensible, vulnérable ! Sans même mentionner les influences du monde extérieur, parvenir à assurer la cohésion à l'intérieur de soi-même représente déjà un accomplissement ; et maintenir sa cohésion interne tout en se confrontant à l'environnement représente une prouesse digne d'un équilibriste – dont peu d'entre nous sont en réalité capables.

Dans l'idéal, nos organes internes fonctionnent de manière efficace et harmonieuse, protégés par le squelette et les muscles, maintenus en place par des tissus spécialisés ; au sommet de la pyramide trône le cerveau qui dicte à chaque instant ses ordres, lesquels sont exécutés par le biais des hormones et des nerfs. Lorsque advient cet état de grâce – un état que chacun d'entre nous devrait connaître ne serait-ce qu'une seule fois au cours de son existence –, l'organisme est à l'apogée de ses capacités et de son efficacité.

Hélas, dans la vie réelle tout n'est pas aussi parfait : il y a trop de paramètres à prendre en considération et à intégrer. L'organisme, bien que conçu de façon merveilleuse pour faire face aux innombrables exigences de la vie, peine à s'en sortir. Sans arrêt, il est obligé de réparer ceci ou cela, d'intervenir par le biais du système immunitaire/endocrinien/neurologique pour provoquer une réaction ou au contraire en freiner une autre, et le cerveau, ordinateur biologique surpuissant, ne s'arrête jamais de capter, d'écouter, de voir, de calculer, d'analyser chaque seconde les myriades d'informations qui lui parviennent par l'intermédiaire de relais répartis un peu partout à l'intérieur tout autant qu'à l'extérieur du corps.

Alors, par force, après ce que nous venons de décrire, la tâche d'un docteur s'avère de prime abord vouée à l'échec, dans le sens où nul individu sur terre n'est en mesure de comprendre intimement ce qui se passe à l'intérieur d'un autre que lui-même – et pour cause, personne ne se connaît au point de savoir ce qui se trame à l'intérieur de lui-même ! Comment connaître l'autre si on ne se connaît pas soi-même ? « Qui connaît les autres est sagace ; qui se connaît soi-même est illuminé », disait Lao-Tseu. On se contente de bribes d'informations, de quelques renseignements glanés en écoutant, en observant, en touchant, mais également en examinant l'intérieur du corps à l'aide de sondes, de biopsies, d'images, et petit à petit on se fait son idée, on se risque à une hypothèse, en espérant qu'elle ne soit pas trop fantaisiste, ni trop éloignée de la réalité.

Dans le meilleur des cas, lors de la prise en charge d'un malade, un docteur devrait être capable de dresser un bilan rapide et fiable de chacune des structures fondamentales, afin de s'assurer qu'elles fonctionnent de manière adéquate.

- La charpente osseuse du corps est-elle usée ? Et si oui, où ça, dans quelles proportions, et pour quelle(s) raison(s) ? Quel est le degré de handicap de la personne ? Que peut-on y faire ?
- Comment se comportent les organes vitaux : cœur, foie, poumons, reins... ? Des problèmes de digestion, de transit, des remontées gastriques, des brûlures en urinant ? Le souffle court au moindre effort ? Les chevilles qui enflent en fin de journée ?
- Et le moral ? Comment réagit la personne ? Quels sont le débit de ses paroles, la teneur de ses propos, son attitude corporelle, tandis que vous conversez ? Vous regarde-t-elle pendant la conversation ? A-t-elle l'air abattue ?

Après avoir glané un maximum d'informations, y a-t-il moyen de les assembler les unes avec les autres de telle sorte à former un tout, un ensemble de symptômes nous aiguillant dans une direction plutôt qu'une autre ? Et après avoir effectué le tri entre ce qui semble pertinent et ce qui semble ne pas l'être, vers quoi s'achemine-t-on ? Une défaillance physique, sans grande implication psychique et organique ? Ou bien plutôt un mal-être émotionnel engendrant des complications au niveau organique et somatique ? Une infinité de combinaisons sont envisageables.

Enfin, on commence à y voir plus clair ; à présent, reste à confirmer sa première impression : cela va-t-il nécessiter un examen, une analyse de sang, une radio, une échographie ? Parfois, nous n'avons nul besoin de pousser plus loin les investigations pour la bonne et simple raison qu'il n'existe aucun moyen de confirmer ou d'infirmer un jugement d'ordre clinique ; on ne peut se fier dans ces cas-là qu'à son expérience et au bon sens. C'est ce qui se produit dans un grand nombre de cas, où nul examen n'est en mesure de guider le praticien vers un diagnostic, qui ne va donc dépendre que de sa propre compétence en tant que clinicien. Paradoxalement, il est plus simple de diagnostiquer une pathologie franche et répertoriée – une de celles qu'on apprend dans les livres de médecine – plutôt que l'une des innombrables manifestations désagréables et inconfortables qui jalonnent le quotidien de nos semblables, et pour lesquelles nous n'avons pas d'explication(s). Les nombreux patients figurant dans cette catégorie se plaignent de toutes sortes de désagréments que la médecine générale traite avec des médicaments souvent inappropriés et inefficaces : maux de ventre et de tête, digestion lourde, constipation, gêne respiratoire, sensation d'oppression au niveau du thorax, sommeil de mauvaise qualité, douleurs diffuses à travers le corps, etc. Ce sont des troubles considérés comme mineurs et sans danger pour l'individu, mais tout de même, à entendre les uns et les autres, ils sont pénibles à supporter. Chaque jour, des milliers de consultations concernant ce type de problèmes ont lieu en France ; et qu'offre-t-on à ces patients ? Toutes sortes de remèdes dont la plupart sont des placebos.

Lésions primaires et secondaires

Pour compliquer le tableau, il faut être capable, avec les patients présentant des syndromes chroniques et complexes, de faire le tri entre les *problèmes primaires* et les *problèmes secondaires*, les premiers étant à l'origine de la pathologie, les seconds en étant les répercussions à moyen/long terme – des phénomènes d'adaptation, de compensation. En d'autres mots, un organe ou un tissu malade va entraîner à la longue dans sa défaillance les autres organes et tissus qui lui sont connectés de manière directe ou indirecte.

Un patient se plaignant d'une épine calcanéenne, par exemple, va sans s'en rendre compte modifier sa façon de marcher, avec pour conséquence(s), à brève échéance, le développement d'autres douleurs dans les articulations situées au-dessus – tels le genou, la hanche ou encore le bas du dos. Cela ne veut pas dire que ces articulations ont un problème particulier nécessitant des soins ; cela signifie simplement que le squelette est perturbé par le défaut douloureux provoqué par l'épine, et qu'il peine à s'adapter. Dans ce cas précis, il faut se concentrer au plus vite sur l'épine.

Un autre syndrome, très fréquent, est celui de l'usure prématurée du disque intervertébral placé entre la cinquième lombaire et le sacrum ; la charnière lombosacrée, à l'origine, est soumise à d'importants stress mécaniques et posturaux, ce qui la fragilise ; mais si en plus un blocage silencieux (non symptomatique) s'installe dans le bassin, il en résulte une nette accélération du phénomène dégénératif affectant le disque entre la cinquième lombaire et le sacrum ; si l'on se contente de traiter le disque malade, on néglige la cause réelle de son usure précoce.

Ou encore, dans un registre différent, les femmes développant de l'ostéoporose en vieillissant, surtout à partir de la ménopause ; le résultat se voit sur les os de la colonne et des hanches, pour l'essentiel ; mais la raison pour laquelle les os se déminéralisent, c'est que l'organisme peine à absorber, assimiler et fixer le calcium et autres minéraux ; les os eux-mêmes ne sont donc pas responsables du problème, ils n'en sont que le reflet, la résultante.

Et tous les symptômes bien connus associés au diabète de type 1 (le plus grave) découlent d'une petite anomalie, l'absence de sécrétion d'insuline de la part des cellules des *îlots de Langerhans*, dans le pancréas ; d'où le traitement à base d'insuline de synthèse, afin de prévenir la dégradation de l'organisme.

Et comme si cela ne suffisait pas, nous avons également affaire à des connexions nerveuses entre le structurel et le viscéral, entre les organes internes et l'appareil musculo-squelettique. C'est un phénomène, en médecine manuelle, que l'on connaît bien, puisque nous en constatons les effets chaque jour sur nos patients.

Pour vous donner un exemple, un patient souffrant d'une maladie pulmonaire chronique (asthme, MPOC) aura tendance à se « bloquer » les vertèbres dorsales situées entre les omoplates – une réaction de cause à effet que nous devons au système nerveux autonome.

Et un grand nombre de personnes se plaignant de céphalées sont en réalité « coincées » au niveau des vertèbres cervicales situées à la base du crâne – la névralgie d'Arnold en est un exemple.

Une douleur testiculaire chez l'homme, pour laquelle aucune cause organique n'est décelée, a toutes les chances de provenir d'un désordre articulaire affectant l'une des deux articulations sacro-iliaques du bassin.

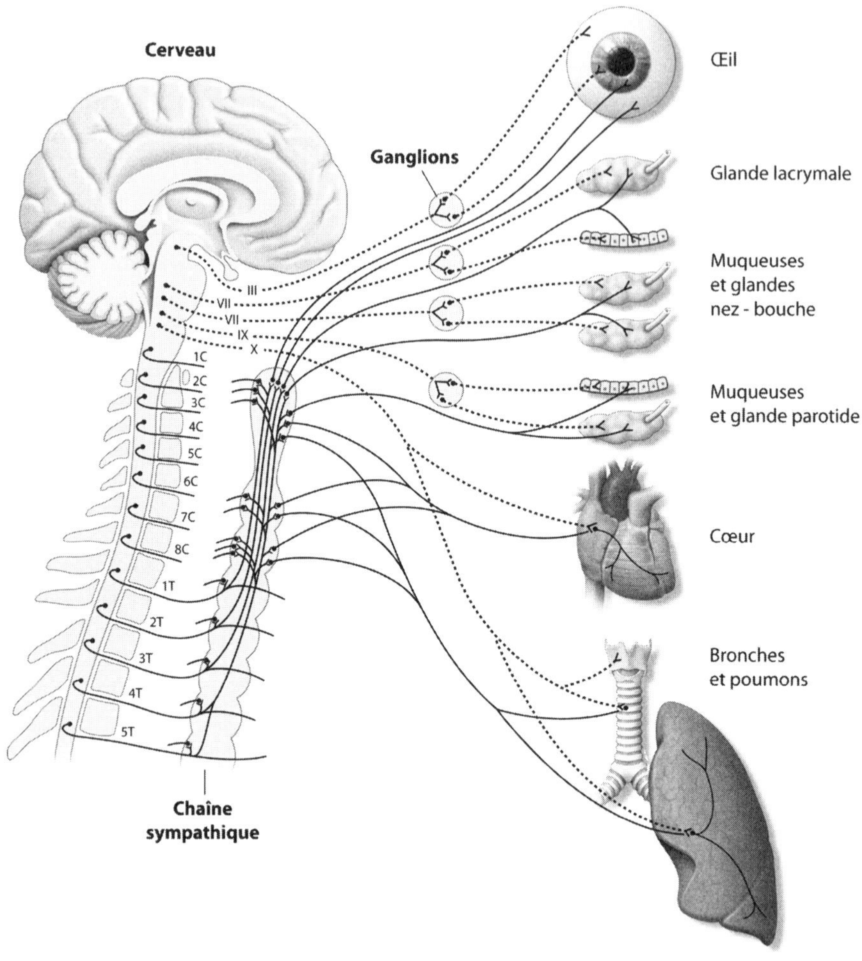

Les vertèbres et leur contenu nerveux sont reliés aux organes internes.

Parfois, lorsque tout est confus, il ne faut pas hésiter à aller voir ailleurs. J'ai vu il y a peu de temps un monsieur de cinquante-cinq ans qui se plaignait de douleurs musculaires inexpliquées, et auquel on avait fait passer de nombreux examens, afin d'en déceler la cause. Rien de particulier n'apparaissait. Ce monsieur m'explique que, deux ans plus tôt, il a fait une crise d'angine de poitrine à la suite de laquelle son cardiologue lui a prescrit un traitement pour son cœur et un autre pour faire baisser son taux de cholestérol. Et c'est en me racontant cela que de lui-même il fait le lien entre le début de ce nouveau traitement et l'apparition des premières douleurs musculaires et articulaires : il se trouve que c'était bel et bien le traitement médicamenteux qui était à l'origine de ses symptômes.

On ne peut fragmenter le corps dans le seul but de se faciliter la tâche, au risque de laisser de côté une partie du problème du patient. Nous devons en permanence garder à l'esprit le fait que chaque partie du corps est d'une certaine manière reliée aux autres, que chaque fonction dépend d'autres fonctions, et ainsi de suite. Il faut ouvrir son champ de vision et ne rien réfuter *a priori*.

Choix thérapeutique

Reste à décider comment on va soigner le patient ; la toute première question à se poser est la suivante : ce cas relève-t-il de ma compétence – ne serait-ce qu'en partie ? Si l'on estime que l'on ne s'en sortira pas tout seul, alors il ne faut pas hésiter à recourir aux services d'autres spécialistes à même de contribuer à soigner le malade. N'oublions jamais que l'intérêt du malade prime avant tout le reste.

Admettons maintenant que le problème dont souffre le patient est de notre ressort : il ne nous reste donc plus qu'à le soigner.

En homéopuncture, nous avons la chance de disposer d'une infinité de combinaisons de points à traiter et de remèdes à concocter, ce qui nous permet de doser à notre convenance les effets que nous souhaitons obtenir – structurels, organiques, mentaux. Parfois, le traitement s'oriente clairement vers l'un ou l'autre des grands axes – question de priorité – ; parfois, il consiste en un panachage de points englobant l'ensemble des paramètres sur lesquels on souhaite agir. Quant à la durée et au nombre des séances, cela s'estime au fur et à mesure des progrès réalisés. Il n'est pas rare de changer de cap en cours de route, par exemple en basculant d'un traitement visant la correction de troubles organiques à un traitement plus typé anxiolytique ou psychosomatique. En médecine, il faut s'attendre à tout.

Le docteur, durant le processus thérapeutique, n'est pas neutre, vous vous en doutez bien : c'est lui/elle qui questionne, examine, interprète et *in fine* décide de la marche à suivre – une lourde responsabilité expliquant en partie le recours massif aux examens et à l'imagerie. Outre les compétences cliniques du thérapeute, le bon déroulement des soins va dépendre du degré de sincérité et d'implication dont il/elle fait preuve ; les patients, qui y sont sensibles, le perçoivent tout de suite. On peut être certain de faire doublement du bien à quelqu'un si, en plus d'avoir choisi le traitement *ad hoc*, on le reçoit et on le traite avec considération et compassion. Il s'agit de qualités humaines, un talent que l'on possède, ou non, et qui ne s'enseigne ni ne s'apprend à l'école. Dans la réalité, je vous assure que cela fait une énorme différence. Dans un monde de plus en plus déshumanisé, que recherchent les gens en souffrance ? Avant tout un peu de chaleur humaine, et si possible un traitement efficace. De nombreuses personnes se sentent seules ; et même si elles ne le sont pas, rien n'indique qu'elles peuvent communiquer avec leur entourage ; rares sont les personnes qui savent écouter et nombreux sont ceux qui veulent qu'on les écoute.

Le médecin, s'il en donne la possibilité à ses patients, leur sert de confident ou de conseiller. Faire confiance à quelqu'un, pouvoir se confier sans craindre que ses propos ne soient rapportés à d'autres oreilles, c'est une aubaine autant qu'une nécessité. Cet aspect bien particulier de la relation docteur/patient s'est beaucoup perdu depuis une trentaine d'années, au grand regret des malades.

Tous autant que nous sommes nous affrontons des épreuves durant notre existence, et à chaque fois notre organisme s'en ressent. Que ce soient des problèmes affectifs, de famille, d'argent ou de travail, un accident, chaque fois que nous traversons une période de turbulences, notre santé s'en trouve affectée : de quelle manière et dans quelles proportions ? Tout dépend de la nature et de la gravité des faits. Mais une chose est certaine : quelle que soit la réaction corporelle en réponse à la situation douloureuse vécue par la personne, elle est provisoire et ne signifie en aucune façon qu'une maladie ou qu'un syndrome quelconque est en train de se développer et de s'installer – sauf si le confit s'éternise, auquel cas les manifestations d'ordre fonctionnel pourraient bien se transformer en pathologie franche. Tout cela, nous devons le garder à l'esprit au moment de choisir quel traitement nous allons recommander à un patient, car si ce dernier est bel et bien en train de traverser une période de crise douloureuse dans sa vie, il serait plus sage de l'accompagner et de l'aider à la traverser plutôt que de sortir d'emblée tout une batterie de remèdes puissants et en fin de compte inadaptés. Avec un peu de patience, l'épreuve se terminera dans un délai raisonnable et tout rentrera dans l'ordre sans qu'il ait été nécessaire d'engager un traitement – hormis des mesures de soutien et de confort.

Acupuncture : origines, principes, techniques

MA DÉCOUVERTE DE L'ACUPUNCTURE

En 1994, j'avais décidé de compléter ma formation initiale de chiropraticien par un diplôme d'acupuncteur. Je pensais que l'alliance des deux thérapies donnerait de meilleurs résultats que pratiquées séparément l'une de l'autre – ce qui fut bel et bien le cas, ainsi que me le démontrèrent les résultats cliniques au cours des années suivantes. À l'époque, je me suis rendu à Colombo, au Sri Lanka, auprès du Dr Anton Jayasuriya – auquel je rends hommage pour son humanité et son dévouement total à ses malades –, dont j'avais fait la connaissance lors de mon internat, à la fin de mes études ; cela se passait à Toronto, au Canada, durant un séminaire auquel participaient plus de cinq cents médecins et internes. Les deux jours de ce séminaire consacré à la découverte de l'acupuncture et à la démonstration de son efficacité me persuadèrent de l'intérêt d'apprendre et d'employer cette méthode de soins millénaire. Même si le projet était repoussé à une date ultérieure, j'étais bien décidé à le réaliser lorsque les circonstances s'y prêteraient. Quelques années plus tard, le moment est venu pour moi de me rendre à Colombo et de suivre l'enseignement du professeur Jayasuriya. Sur place, nous étions une vingtaine de docteurs, toutes tendances confondues : généraliste, homéopathe, chiropraticien, naturopathe. À Kalubowila, faubourg de Colombo, le professeur Jayasuriya nous enseignait l'acupuncture en échange de quoi nous nous occupions des centaines de malades qui affluaient chaque jour dans l'un des deux hôpitaux mis à leur disposition. Les soins étaient gratuits. Le docteur Jayasuriya, véritable icône en son pays, soignait quiconque en avait besoin ; et il savait, pour y être né et pour y avoir vécu la plus grande partie de sa vie, que bon nombre de ses compatriotes n'avaient pas les moyens financiers de se faire soigner. Les journées se répartissaient de la manière suivante : les premiers cours avaient lieu tôt le matin, de sept heures à huit heures et demie ; ensuite, nous nous occupions des patients qui affluaient sans discontinuer jusqu'aux alentours de midi ; de midi à seize heures, nous en profitions pour déjeuner et pour nous reposer ; puis, en fin d'après-midi, lorsqu'il faisait moins chaud, nous traitions à nouveau des malades en attendant les cours du soir, donnés de huit à dix heures. Ce furent des mois intenses et riches d'enseignements. Anton Jayasuriya était un homme à part, dont le savoir n'avait d'égal que sa grande générosité à l'égard des autres. Il fallait le voir, assis à son petit bureau dans l'immense salle où se rassemblaient les malades qu'il recevait les uns à la suite des autres, afin de déterminer de quel mal ils souffraient – le plus souvent, l'observation et l'auscultation des pouls au niveau du poignet lui suffisaient pour établir son diagnostic ; s'il avait un doute, ce qui lui arrivait peu souvent, il demandait au malade de passer un seul examen destiné à confirmer son impression initiale ; le recours aux analyses et aux techniques modernes d'imagerie était donc parcimonieux et ciblé.

Une à plusieurs fois par jour, il nous réunissait autour de lui pour assister à un traitement atypique qu'il délivrait lui-même à un patient, tout en nous expliquant, en anglais, le pourquoi et le comment de son intervention. Et parfois, il demandait à l'un d'entre nous de prendre en charge un nouveau patient de A à Z, en nous servant de ce qu'il nous apprenait et avec l'aide d'un interprète – la majorité des Cingalais ne parlant pas l'anglais. Six jours sur sept, nous suivions la formation, dont la durée dépendait de la manière dont chaque stagiaire progressait, tout en continuant à nous occuper des malades. C'est le professeur Jayasuriya, dont l'autorité était incontestée, qui décidait – lorsqu'il estimait que nous étions mûrs pour passer notre examen final – du moment où nous avions intégré la formation et que nous pouvions rentrer chez nous ; mais nous n'y étions pas obligés, ceux qui le souhaitaient étant les bienvenus de rester le temps qu'ils le désiraient pour parfaire leurs connaissances. C'était un concept d'une grande liberté.

Le professeur Jayasuriya est décédé, mais son œuvre se poursuit par l'intermédiaire des milliers de praticiens qu'il aura formés tout du long de sa carrière.

GENÈSE DE L'ACUPUNCTURE

Personne ne sait au juste comment est née l'une des plus anciennes médecines au monde (avec la médecine tibétaine et la médecine ayurvédique). Les plus vieux vestiges découverts à ce jour sont de fines pointes de pierre datant de plusieurs milliers d'années.

Le récit des origines est le suivant : bien avant la date de la naissance du Christ, quelque part en Chine, un guerrier revient chez lui blessé à la cheville par une flèche. Le guérisseur du village le soigne ; la blessure n'étant pas grave, le guerrier se rétablit en quelques semaines. Il retourne auprès du guérisseur du village pour le remercier de son aide ; ce dernier en profite pour lui demander comment va sa santé. « Bien, lui répond-il, mais j'y pense ! Depuis que la flèche a percé ma cheville, juste au-dessus de l'os du pied, je n'ai plus de migraines, alors que j'en souffrais presque chaque jour. » Ce qui a bien failli n'être qu'une simple anecdote sans conséquence va se transformer en découverte majeure. Intrigué, le guérisseur réfléchit à ce que lui a raconté son patient ; il se demande s'il peut y avoir un lien de cause à effet entre le point touché par la flèche et l'amélioration du mal de tête ; pour en avoir le cœur net, il se rend auprès de l'épouse du chef, qui elle aussi se plaint de migraines depuis de nombreuses années. Il lui perce la peau exactement au même endroit que la blessure du guerrier, et c'est un petit miracle qui se produit : sur le champ, la femme est soulagée ! Petit à petit, à force de récolter des témoignages similaires se profile et se met en place une sorte de carte du corps humain composée d'un nombre de points reliés entre eux et dont l'effet, en cas de stimulation, varie en fonction de l'emplacement. L'acupuncture, à ses débuts en tout cas, est une médecine qui se développe de façon *empirique*, c'est-à-dire qu'elle découle directement de l'observation et de l'expérience.

Le premier livre de médecine jamais écrit est chinois ; il s'agit du *Nei Jing Su Wen*, le *Classique des difficultés en médecine interne*, contenant d'ores et déjà les grands principes servant de fondements à l'acupuncture. La légende prétend que c'est Huang Di (l'Empereur Jaune) qui l'aurait rédigé ; mais en réalité, il est probablement le fruit d'une réflexion collective datant du IIIe siècle av. J.-C. Le livre se présente sous la forme d'un dialogue entre Huang Di et son Premier ministre, Chi Po, médecin de son état. La première partie de l'ouvrage, baptisée *Su Wen*, renferme les principes de la médecine traditionnelle chinoise ; la seconde partie traite des différentes méthodes thérapeutiques, dont les principales sont au nombre de quatre, que voici.

- *Phytothérapie* : plantes et herbes médicinales.
- *Moxibustion* : technique consistant à chauffer certaines parties du corps/points d'acupuncture à l'aide d'une poudre fabriquée à partir des feuilles du moxa, une plante indigène.
- *Acupuncture* : utilisation de fines aiguilles pour influencer le débit d'énergie qui circule à travers le corps à l'intérieur de canaux appelés méridiens qui sont interconnectés entre eux.
- *Chirurgie* : employée en dernier recours ; surtout utilisée à l'époque pour traiter les blessures de guerre.

Le diagnostic formulé par l'acupuncteur repose sur l'observation, l'interprétation du pouls, le questionnement du malade, l'examen des yeux, de la langue et des oreilles.

L'acupuncture a occupé une place prépondérante dans l'histoire de la Chine. À l'époque, considérés comme de véritables docteurs, les acupuncteurs étaient aussi des chirurgiens. Jusqu'au XVIIIe siècle, le reste du monde ignorait l'existence même de la médecine chinoise ; ce sont les jésuites envoyés en mission en Chine qui rapportèrent les premiers témoignages. Ensuite, c'est un ambassadeur français du nom de Soulié, au début des années 1900, qui deviendra le premier acupuncteur non chinois.

Le règne de Mao Ze Dong, dans les années cinquante, a donné un nouveau souffle à la médecine traditionnelle chinoise. Dans ces années-là, seulement une dizaine de milliers de médecins formés à la médecine moderne exerçaient en Chine, ce qui était insuffisant pour soigner les quelque sept cents millions d'habitants. Le gouvernement voulait non seulement préserver l'héritage du passé en ce qui concerne la médecine traditionnelle, mais en plus y recourir massivement pour offrir à l'ensemble de la population l'accès aux soins. Plus d'un demi-million de praticiens traditionnels furent alors intégrés dans le système de santé publique. On les appelait les *Barefoot doctors*, les « docteurs aux pieds nus », parce qu'ils n'étaient pas bien riches et qu'ils parcouraient sans relâche le pays, apportant soins et remèdes aux contrées les plus reculées, aux villages les plus isolés.

C'est aussi durant cette période que l'Europe et l'Amérique du Nord découvrent l'acupuncture. Un des tournants fut la visite du président Nixon en Chine, en 1972. Un article paru dans le *New York Times*, traitant de l'acupuncture et des méthodes de traitement existant en Chine, éveilla la curiosité et l'intérêt des médecins occidentaux – dont le scepticisme perdura de nombreuses années, avant de se rendre à l'évidence. C'est l'époque de la création des principales écoles d'enseignement de la médecine traditionnelle chinoise. L'accueil réservé à l'acupuncture par les Occidentaux est mitigé ; la méthode, fondée sur des théories complexes et quelque peu abstraites, déroute. Toutes sortes de rumeurs fantaisistes circulant à son propos, il faudra du temps et de la patience avant que lumière soit faite.

Aujourd'hui, l'acupuncture s'utilise le plus souvent comme médecine complémentaire et d'appoint à la médecine allopathique, au même titre que les autres principales médecines alternatives – telles la chiropractie, l'ostéopathie et l'homéopathie. C'est souvent par dépit que les gens se tournent vers les médecines naturelles ; malgré les soins prodigués par leur médecin généraliste, ils continuent à souffrir et se mettent donc à chercher d'autres solutions pour se sortir d'affaire. Selon la nature du mal qui les affecte, ils se dirigent vers l'une des spécialités disponibles sur le marché, celle qui, selon toute vraisemblance, est la plus apte à les soulager. Le bouche-à-oreille demeure la principale source d'aiguillage, dans ce cas de figure : « Tu devrais aller voir ce monsieur, il est très bien. Moi, il m'a guéri de mon mal de dos en seulement quatre séances, alors que cela faisait plus de huit mois que je souffrais et que rien n'y faisait. Depuis, je lui ai envoyé du monde et, à chaque fois, les gens sont contents du résultat » « Ah bon ! Eh bien, je crois que je vais lui téléphoner, à ton monsieur ! », répond le malade, convaincu par l'argumentation de son interlocuteur. Voilà, dans la vraie vie, comment les choses se passent.

PRINCIPES DE FONCTIONNEMENT

Taoïsme

> « Le tao n'a pas de nom. Le mot *Tao*, qui signifie *chemin*, n'est qu'une appellation, c'est-à-dire une métaphore. Une autre appellation... serait donnée, je crois, par le mot grec *phusis*, nature, entendant par là non pas la nature comme opposée à la culture, à l'esprit, à la liberté, etc., mais la Nature omni-englobante des antésocratiques, qui est le Réel en totalité et en perpétuel devenir. »
>
> **Marcel Conche.**

Impossible de parler d'acupuncture sans faire référence au *taoïsme*, philosophie millénaire ayant imprégné la culture chinoise et orientale – au même titre que le confucianisme et, plus tard, le bouddhisme. L'ouvrage de référence, le *Livre de la Voie et de la Vertu*, est rédigé par Lao-Tseu, philosophe taoïste ayant vécu au Ve siècle av. J.-C. – et auquel je fais souvent référence tout au long de ce livre. Le tao est indissociable du yin et du yang, les deux polarités autour desquelles se construit l'équilibre universel. Le tao, dans l'absolu, consiste en la symbiose parfaite entre le yin et le yang, la réunification des opposés et des antagonismes. Le yin correspond à tout un pan de la création, tandis que le yang correspond à l'autre. Sans arrêt, dans la nature, les éléments yin et yang s'opposent, s'affrontent, s'attirent, se repoussent, se complètent – sans jamais toutefois fusionner l'un avec l'autre, l'un dans l'autre : seul le tao est au-delà de cette dichotomie. L'un ne saurait exister sans l'autre ; ils se définissent l'un par rapport à l'autre. La philosophie taoïste considère la recherche de l'équilibre entre le yin et le yang comme étant la perfection vers laquelle il faut tendre.

Les analogies entre les concepts métaphysiques développés par les taoïstes et ceux formulés par les Grecs de l'Antiquité sont étonnantes : « C'est une conception du Réel dans son ensemble pensé comme nature, et qui n'est pas sans analogies avec la philosophie de la Nature des antésocratiques. L'indétermination du Fond, de la Source d'où tout procède, rappelle l'*apeiron*, l'infini d'Anaximandre, d'où naissent les mondes par une création continuée. Le fait qu'il n'y ait de réalités stables qu'en apparence, mais que toutes soient en perpétuel devenir, rappelle le *panta rhei* d'Héraclite. L'opposition et l'alternance des contraires font également songer à Héraclite. L'idée taoïste de conformité au tao, c'est-à-dire à la Nature, rejoint le conseil des stoïciens, des épicuriens, des cyniques, de vivre "conformément à la Nature", selon la formule de Zénon », comme le résume Marcel Conche.

Héraclite écrit que « la route montante et la route descendante sont une et la même » et que « la maladie rend la santé plaisante et bonne, la faim la satiété, la fatigue le repos. » Et pour finir ce petit tour d'horizon, Plotin nomme « Un » une entité ayant bien des similitudes avec le tao : « Quand il s'agit du principe antérieur aux êtres, l'Un, celui-ci reste en lui-même », et il ajoute la précision suivante : « le Principe n'est pas l'ensemble des êtres, mais tous les êtres viennent de lui ; il n'est pas tous les êtres ; il n'est aucun d'entre eux, afin qu'il puisse les engendrer tous. »

Le taoïsme n'est pas une religion – c'est important de le souligner. Si l'acupuncture est le fruit de l'observation, un savoir empirique élaboré sur une longue période, que dire des origines du taoïsme ? La nature est à l'origine de la doctrine. Nul dieu ou messie n'est venu prêcher la bonne parole, ce qui tranche de manière radicale avec la conceptualisation des religions monothéistes. Une poignée d'individus, attentifs à la nature et à l'environnement, ont compris que chaque chose créée et existante existait en double, en complémentarité : le jour et la nuit, la Lune et le Soleil, le chaud et le froid, le mouillé et le sec, le masculin et le féminin, etc. La plupart du temps, l'expression de cette dualité, qui se retrouve dans un nombre incalculable de cas de figure, est plutôt harmonieuse – chacune des polarités étant représentée et manifestée de façon équitable. Les choses sont en ordre. En revanche, si un déséquilibre fait son apparition, si le yin prend le dessus sur le yang, ou inversement, le chaos s'installe, et il ne prendra fin qu'avec la correction du déséquilibre initial. Comment cela se manifeste-t-il ? Il suffit d'observer ce qui se passe lorsque la nature se « met en colère » et que surviennent des cataclysmes : orages, tempêtes, tsunamis, tremblements de terre, inondations... Les violences de la Nature sont passagères.

Qu'est-ce que tout cela a à voir avec nous, et avec l'acupuncture ? À peu près tout.

Les Chinois de l'ancien temps préconisaient de vivre en conformité avec le tao, dont il existe trois subdivisions, reliées entre elles :

- le tao des Cieux – *Thien*;
- le tao de la Terre – *Jen*;
- le tao de l'Homme (inclut les formes de vie animales et végétales) – *It.*

« Le but de tous les mouvements taoïstes est la longue vie », fait remarquer Max Kaltenmark (dans *Histoire des religions*, Gallimard, Collection Pléiade). Cela ne signifie pas que les taoïstes ambitionnaient de devenir immortels ; non, leur but consistait à rester en vie durant toute la durée programmée de leur existence – laquelle, par définition, nous est inconnue. La vie étant le bien le plus précieux que puisse posséder un être humain, il se doit de la conserver le plus longtemps possible, qui plus est en bonne santé. S'agissant d'un code moral et éthique fondé sur les grands principes naturels et universels plutôt que sur des lois humaines changeantes et donc imparfaites, le taoïsme échappe aux considérations temporelles. La nature, pour qui sait l'observer et la décoder, est régie par un petit nombre de lois destinées à en ordonner le fonctionnement et l'évolution que voici.

- Rien de ce qui s'y produit ne s'y produit par hasard. Cette loi se rapproche du déterminisme et de la causalité.
- Rien de ce qui s'y trouve ne s'y trouve de manière fortuite. En d'autres mots, il n'y a rien d'inutile en Nature, et cela s'applique à l'espèce humaine : « Tout ce que la nature a amené au jour méritait d'être, et il n'est rien qui ne mérite d'être "sauvé", c'est-à-dire préservé du mépris, du rejet, de la violence. »
- Tout effet est la conséquence d'une cause, elle-même provoquée par un effet, et ainsi de suite. Ces phénomènes de cause à effet s'inscrivent dans des cycles : « Tout ce qui émane de la Voie, c'est-à-dire de la Nature, s'inscrit dans la vie, puis, après son parcours de vie, s'en retourne à la Nature par la mort. La nature, alors, recommence son œuvre de vie, et engendre à nouveau. Tout ce qu'il y a existe par une création continuée, mais création ne va pas sans destruction. Tout va vers l'avant, mais aussi vers l'arrière... De là un perpétuel retour à la case "départ". »

- Tout se transforme, tout est en perpétuelle évolution, en devenir. La nature s'arrange toujours pour qu'il y ait transmutation ; si un état yin s'installe, l'état yang ne tardera pas à faire son apparition ; sans discontinuer, les choses évoluent, basculant d'une condition à l'autre : « Telle est l'évolution normale des choses : rien qui ne laisse place à son contraire. Après le yin, le yang ; après le yang, le yin. Et ce n'est pas l'homme qui décide du mouvement des choses. Au contraire, il doit plutôt, puisque la Voie ne laisse pas l'homme hors d'elle, se soumettre à une Loi qui ne dépend pas de lui. »
- L'excès n'a pas cours en Nature. Les rares débordements de la nature sont de courte durée : « Que la mesure règne dans la nature ne signifie pas la platitude, l'état moyen, mais l'oscillation autour de l'état moyen, selon la loi des cycles. La Nature connaît la loi des saisons, la respecte : après l'été, elle consent à l'automne et à l'hiver. Mais l'homme veut rester ce qu'il est : "rester au pouvoir", "rester jeune", "rester le premier"... Cela s'oppose à la loi naturelle. Celle-ci veut qu'il consente au déclin, à la vieillesse et à la mort ». Nous autres, êtres humains, sommes portés vers les abus en tout genre, ce qui est, comme nous venons de le voir, contre-nature : « Celui qui sait se contenter évite la dispute, la rivalité avec autrui, les affronts, offenses, déceptions qui viennent de cette rivalité. Celui qui sait, dans tout domaine, s'arrêter à temps, c'est-à-dire à la limite fixée par la Nature, prévient l'épuisement et le risque d'une mort prématurée. »
- L'interdépendance au sein de la création. Le règne végétal et le règne minéral, influencés par le climat, servent de cadre au règne animal ; et parmi le règne animal s'établit une hiérarchie, au sein de laquelle chaque groupe est tributaire de ceux qui le précèdent et de ceux qui le suivent. Nul organisme vivant n'a de sens ni d'existence possible sans le concours de la création dont il fait partie. Autrement dit, une créature, quelle qu'elle soit, ne peut survivre hors du contexte qui est le sien. Tout s'emboîte, tout est lié. Les hommes et les femmes que nous sommes font partie de cet ensemble ; nous avons tendance à l'oublier, mais sans la nature nous n'existerions pas ; et même si nous nous persuadons du contraire, la nature influence le déroulement de notre existence, *presque* au même titre qu'elle influence les autres créatures – la différence provenant de notre faculté de

penser et du minuscule degré de liberté qui nous est imparti. Chaque jour nous rappelle à quel point nous dépendons de la nature pour notre survie : le minéral et le bois pour bâtir et chauffer nos maisons, les végétaux et les animaux pour nous nourrir, la pluie pour arroser nos champs et le soleil pour faire pousser les récoltes, l'eau pour nous désaltérer et nous laver, la montagne et la mer pour nous reposer et nous ressourcer…

Le taoïsme enseigne la rigueur morale et intellectuelle, mais également de vivre en bonne santé, sans maladie ni infirmité. Pour y parvenir, l'acupuncture, la moxibustion, la phytothérapie, les exercices physiques (tel le *tai-chi-chuan*), la méditation, les techniques de respiration, un régime alimentaire équilibré, de la détente, et même une vie sexuelle épanouie, sont les « outils » mis à notre disposition. L'ensemble de ces mesures avait pour but de *nourrir le qi* – *qi* signifiant énergie. Le tao étant la recherche de l'équilibre entre le yin et le yang, ses applications concrètes dans notre vie quotidienne sont dès lors innombrables.

- Imaginons qu'un soir de la semaine vous vous soyez couché tard après un repas copieux et bien arrosé ; si vous tenez à minimiser l'impact de cette soirée sur votre santé et votre énergie, essayez de manger léger le lendemain, de vous abstenir de la moindre goutte d'alcool et de vous coucher tôt. Le surlendemain, l'ordre sera rétabli.
- Imaginons maintenant que vous participiez à un marathon ou à une épreuve sportive exigeante ; vous vous entraînez dur jusqu'au jour de la course, où vous donnez le maximum de vous-même. Il y a eu une montée en puissance dont le point culminant correspond au jour de la compétition ; si l'on veut se régénérer et recouvrer ses forces, il serait sage de se reposer, de beaucoup dormir, de s'hydrater, de s'étirer ; l'ensemble de ces mesures contribue au rétablissement de l'organisme et favorise la récupération.
- Et si vous avez été surmené du point de vue intellectuel et nerveux ces derniers mois dans votre travail, il va falloir vous mettre au calme, partir une semaine en congés, enfin, trouver une solution pour faire baisser la tension ; sinon un déséquilibre de plus en plus prononcé va s'installer en vous, dont vous finirez par tomber malade.

- Sur une plus longue échelle de temps, voyons ce qui arriverait à un individu dont le rythme de vie intensif perdurerait depuis une bonne quinzaine, voire une vingtaine d'années, sans qu'à aucun moment il ne ralentisse ou ne se pose la question de savoir si sa façon de vivre est appropriée ou adaptée à son évolution : dispose-t-il des mêmes moyens physiques et intellectuels que vingt ans plus tôt ? A-t-il la même faculté de récupération ? J'en doute. Après avoir vécu de nombreuses années dans un *excès de yang*, il est grand temps pour cet individu de modifier sa manière de fonctionner, de mettre du yin dans sa vie, sinon son organisme va le trahir.

Selon le principe du rétablissement de l'équilibre propre au taoïsme, nous disposons d'un système assez simple à employer, afin d'éviter les excès en tout genre. L'un des avantages de la méthode, c'est qu'elle ne nécessite aucune connaissance particulière pour être utilisée ; il suffit d'être objectif avec soi-même et de suivre le mode d'emploi – à savoir que toute déviation d'un côté sera le plus rapidement possible suivie d'une action destinée à nous recentrer.

Qi

Les interactions entre le yin et le yang sont à l'origine du qi, un flot bipolaire d'énergie présent et actif dans l'univers tout entier, et également en chaque créature vivante. Le qi et le tao sont indissociables l'un de l'autre. Nous venons au monde avec un capital d'énergie vitale – qi – dont nous épuisons les ressources jour après jour. Pour contrecarrer (tout relativement) cette perte, inexorable en elle-même, nous dépendons de la nourriture, de l'oxygène, du sommeil, de l'activité physique... Un déséquilibre dans la circulation du qi est à l'origine de la maladie, laquelle, par le biais de l'acupuncture et de la stimulation appropriée des points, peut être guérie. L'absence totale de qi équivaut à la mort.

Sans rentrer dans les détails, ajoutons qu'il existe trois niveaux de profondeur, interconnectés entre eux, dans la circulation de l'énergie vitale du qi.

- L'énergie superficielle que l'on retrouve dans les méridiens.
- L'énergie profonde qui circule dans les organes internes.

- La troisième forme d'énergie, entrelacée au réseau musculaire, nourrit en profondeur les tissus dits « mous » (muscles, tendons, ligaments, fascias), ainsi que les os et les cartilages.

Chez une personne saine, la quantité d'énergie circulant dans les canaux superficiels est équivalente à celle qui circule dans les profondeurs du corps. Les « transvasements » d'énergie d'un niveau à l'autre sont fréquents, et pas seulement en cas de maladie ; par exemple, la pratique intensive d'une activité sportive va rediriger une partie de l'énergie disponible en direction du circuit paramusculaire qui la nécessite ; idem en cas de stress aigu. Mais, dans la mesure où il ne s'agit que de variations temporaires d'ordre physiologique, tout retourne à la normale au moment où prend fin la situation qui est à l'origine de la modification interne.

Les similitudes entre les conceptions philosophiques à l'origine des principales médecines naturelles sont troublantes.

- Hahnemann, le fondateur de l'homéopathie, tenait des propos que l'on pourrait appliquer à l'acupuncture, ou bien à la chiropractie, en les adaptant. En voici un résumé proposé par C. Boger dans *La Science et l'Art de Guérir* : « En homéopathie, nous sommes plus particulièrement intéressés par l'énergie dynamique. Cette énergie dynamique, Hahnemann l'appela *dynamis*, la force vitale quasi spirituelle qui anime le corps matériel. Dans le corps humain, nous avons en présence les trois formes d'énergie ; l'énergie physique dans les tissus, l'énergie dynamique dans le cerveau et le système nerveux, l'énergie spirituelle dans le mental. Cette *dynamis* de l'organisme humain se répand dans chaque tissu physique du corps, elle ne se situe pas à part et contrôle les actions des tissus et des organes. Elle est la chose, la puissance, la force nécessaire à nos réactions. Ceci nous fait redescendre au problème pratique de nous servir de cette énergie dynamique dans nos prescriptions homéopathiques. Toute énergie, dans son essence, consiste en action et en réaction, et cette action et cette réaction sont égales et opposées ». L'énergie vitale à laquelle le docteur Hahnemann se réfère est similaire à bien des égards au qi des Chinois, dont les dérèglements sont à l'origine d'une mauvaise santé.

- D.D Palmer – « inventeur » et théoricien de la chiropractie, médecine manuelle fondée en 1895 aux États-Unis, dont l'œuvre fut poursuivie et développée par son propre fils – employait le terme d'*intelligence innée* pour désigner l'énergie vitale opérant dans le vivant, elle-même dérivée de l'*intelligence universelle*. Les Palmer père et fils sont à l'origine d'une théorie complexe et sophistiquée servant à expliquer le fonctionnement de l'organisme, et comment celui-ci est relié et interconnecté à ce qu'ils appellent l'intelligence universelle. Lorsqu'un fragment de l'intelligence universelle prend forme à l'intérieur d'un organisme vivant, celui-ci se voit doté d'une intelligence innée, spécifiquement adaptée à ses besoins et à sa condition. L'intelligence innée, bien que provenant de l'intelligence universelle, n'en demeure pas moins distincte – puisqu'elle s'est spécialisée. Et cette intelligence innée, que chacun de nous détient, veille à chaque instant au maintien de l'*homéostasie*, en d'autres mots elle maintient l'intégrité de la matière où elle s'est incarnée. Chaque créature vivante dispose donc de sa propre intelligence innée, sans toutefois s'extraire de l'influence de l'intelligence universelle, dont elle découle et dépend. Adapté aux êtres humains, cela revient à dire que nous sommes des individualités tributaires du Tout. Le tao dit-il autre chose ? Il nous recommande de nous conformer aux lois naturelles (manifestations perceptibles de l'énergie universelle), afin de mener une existence saine et exempte de maladie. Hahnemann disait à peu près la même chose.

Il existe de toute évidence un dénominateur commun aux grandes médecines naturelles, holistiques, ayant traversé le temps et fait leurs preuves. Elles se fondent sur le principe d'une énergie individuelle – elle-même issue et dépendante d'une source universelle indifférenciée – responsable d'insuffler et de maintenir la vie à l'intérieur de chaque organisme vivant (Schelling parlait de *l'âme du monde*). Et la maladie résulte d'interférences dans l'expression de cette énergie vitale, de cette intelligence innée, de ce qi, de cette *dynamis*. Quant aux moyens déployés par chacune de ces médecines pour accomplir les corrections nécessaires au rétablissement de l'équilibre, ils diffèrent par la forme : l'acupuncteur emploie en général les aiguilles, le chiropraticien l'ajustement vertébral, l'homéopathe le remède homéopathique (extrait des règnes minéraux, végétaux et animaux) hautement dilué, le naturopathe les plantes et herbes médicinales appropriées, et à chaque fois, si l'intervention est effectuée à bon escient et avec la précision requise, le malade se rétablit.

Yin et Yang

> « Car le *Il y a* et le *Il n'y a pas* s'engendrent l'un l'autre ;
> le difficile et le facile se forment l'un de l'autre ;
> le long et le court se définissent l'un l'autre ;
> le haut et le bas s'inversent l'un l'autre ;
> le son et la voix s'harmonisent ;
> l'avant et l'après se suivent. »
>
> **Lao-Tseu**

L'énergie circule en nous sous ces deux formes, à la fois complémentaires et antagonistes ; par ailleurs, rien de ce qui est yin ne l'est totalement, pas plus que ne l'est le yang. En d'autres mots, il existe toujours une minuscule parcelle de yin dans chaque manifestation yang, et inversement. La répartition de l'énergie oscille en permanence entre la forme yin et la forme yang, rien n'étant jamais figé ou définitif. Le yin et le yang sont des états dynamiques.

Le yin est associé à la féminité, au pôle négatif, à l'obscurité, à la lune, à la douceur, au non-être, à la passivité, etc.

Le yang, quant à lui, se manifeste dans la masculinité, le pôle positif, la lumière, le soleil, la rudesse, l'être, l'action, etc.

Résumé par Conche : « Qu'en est-il, dans la Nature ? L'opposition des contraires va de pair avec leur complémentarité, de sorte qu'aucun des deux contraires ne tente de persister abusivement contre l'autre, mais au contraire, s'efface, laissant sa place à l'autre, le moment venu ; le jour s'efface quand vient la nuit, la chaleur de l'été quand vient le froid, la jeunesse quand vient la vieillesse, etc. Le yin et le yang gouvernent la Nature sans rivaliser ni se heurter, de par la différence même de leurs natures. »

Tout du long du *Livre des changements*, l'énergie yin est valorisée par rapport à l'énergie yang ; en effet, si l'énergie yang permet d'entreprendre les projets, d'insuffler de la vivacité, seule l'énergie yin est capable d'en assurer la pérennité ; elle est donc considérée comme une force tranquille et constante grâce à laquelle les choses se font de manière effective. Cela ne signifie en aucune manière que le yang soit déconsidéré, puisque sans enthousiasme, sans élan, sans envie, rien ne saurait germer dans l'esprit, et rien ne s'accomplirait.

Ce qui nous intéresse et nous concerne, c'est la répartition de l'énergie entre les deux formes en laquelle elle se manifeste. Une femme sera sous l'influence du yin, mais ne sera pas dépourvue de yang : dans quelles proportions ? Toute la difficulté est là : parvenir à identifier et à quantifier la part de l'un et de l'autre. À chaque individu correspond une répartition idéale du yin et du yang qui, lorsqu'elle se réalise, signifie une santé optimale. D'évidence, cela n'arrive (presque) jamais : d'une part parce que le flot de l'énergie est un phénomène dynamique, instable, et d'autre part parce qu'il est impossible de mesurer avec une telle précision des phénomènes de nature immatérielle. Les acupuncteurs expérimentés se servent des douze pulsations situées au niveau des poignets, six de chaque côté, trois en superficie et les trois autres en profondeur.

La santé peut se définir comme le rapport équitable entre la répartition et la distribution de l'énergie yin et de l'énergie yang à travers les méridiens du corps. Lorsque cet équilibre est rompu, la maladie survient. S'il s'agit d'un excès de yin et d'une déficience de yang, la maladie sera de type *déficient* – dépression, constipation, hypothyroïdie, neurasthénie, sont des symptômes de ce type.

Et s'il s'agit d'un excès de yang et d'une déficience de yin, la maladie sera de nature *excessive* – crise d'asthme, diarrhée, hyperthyroïdie, inflammation, et en général toute manifestation soudaine et aiguë.

Pourquoi déficiente d'un côté et excessive de l'autre ? L'explication réside dans les caractéristiques inhérentes au yin et au yang, telles que nous les avons décrites au début de ce chapitre.

La compréhension du yin et du yang nous aide à interpréter les mécanismes pathologiques propres à certaines maladies, dont les troubles *cyclothymiques* ou encore la *dysthymie*, qui en est une version plus chronique et de moindre intensité. Ce sont des variations d'humeur exagérées dont on ne peut prévoir ni l'ampleur ni la fréquence, et qui perturbent la vie de ceux qui en sont affectés. Ces troubles du comportement sont des manifestations atténuées des maladies mentales dites *bipolaires*. En tout état de cause, les personnes qui en sont atteintes souffrent de variations de l'humeur allant de la dépression modérée à des phases d'exubérance, d'hypomanie : c'est très difficile à vivre et à supporter, autant pour la personne concernée que pour son entourage, lequel ne sait jamais à quoi s'attendre. Comment expliquer que l'on puisse basculer, quasiment d'un instant à l'autre, d'un état d'abattement à un état limite euphorique ? Que se passe-t-il ? S'agit-il d'un dérèglement dans les sécrétions neurochimiques du cerveau ? D'un problème hormonal ? Des conséquences d'une enfance douloureuse ? Les théories ne manquent pas et les Chinois ont la leur : une déviation excessive entre le yin et le yang ; un profond déséquilibre dans l'expression des deux manifestations énergétiques constituant le qi.

Voyez le dessin suivant. Pour une raison mystérieuse, la répartition de l'énergie entre le yin et le yang s'effectue de manière excessive et soudaine, ce qui se traduit concrètement par des comportements pas vraiment considérés comme étant pathologiques, mais qui s'en approchent.

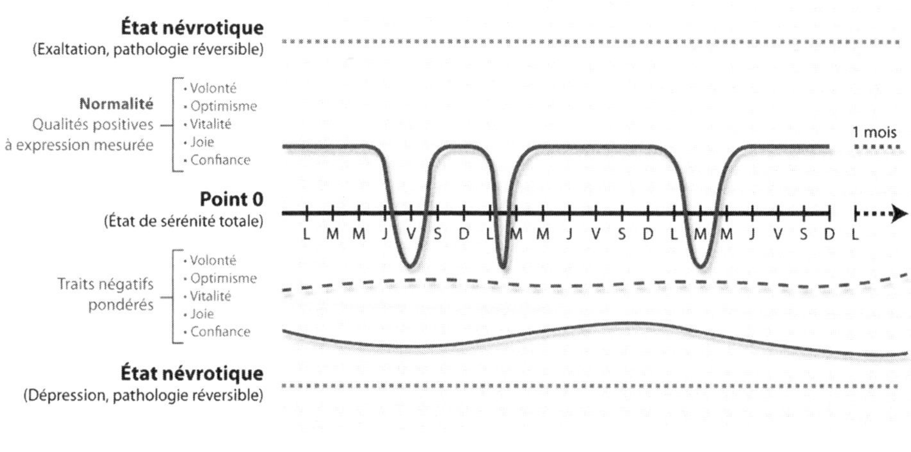

Répartition de l'énergie entre le yin et le yang

Il arrive un moment où les théoriciens des grands courants de pensée, dans le domaine de la santé, se rejoignent ; ce que les Chinois ont conceptualisé sous la forme du yin et du yang, le domaine des neurosciences l'a prouvé en expliquant le mode d'action du *système nerveux autonome* (SNA) réparti en deux branches aux effets à la fois opposés et complémentaires (comme le yin et le yang le sont dans la philosophie chinoise) : le système parasympathique et le système orthosympathique. Le système parasympathique (équivalence yin) détend, apaise, rétablit l'homéostasie, tandis que le système orthosympathique (équivalence yang) stimule, active, prépare l'organisme à combattre ou à fuir.

L'évidence de la dualité devrait nous aider à accepter que les choses soient ce qu'elles sont, c'est-à-dire un mélange de positif et de négatif. L'un de nos premiers réflexes, lorsque cela va mal, lorsque nous souffrons, lorsqu'un drame nous touche, c'est de nous en offenser, de nous sentir victimes d'une sorte d'injustice ; bien entendu, rien de tel : « Tous les hommes reconnaissent le beau, le bien, le bonheur. Mais que, par là même, ils admettent implicitement leurs contraires, c'est là qu'ils ne se reconnaissent pas. Ils voudraient qu'il n'y ait rien de laid ni de mauvais, et éliminer le mal, le malheur, la douleur, ce qui est impossible ».

Les quatre lois traditionnelles de l'acupuncture

Ce sont les lois dont se servaient les anciens acupuncteurs pour choisir les points à traiter. Ces lois représentent les interactions entre les différents méridiens et comment ils s'influencent mutuellement. Chacune de ces lois a une influence sur les autres, ce qui en fait un système d'une grande complexité peu usité de nos jours.

Théorie des cinq éléments

Cinq éléments fondamentaux servent à expliquer les phénomènes naturels, selon les Chinois. Il s'agit du Bois, du Feu, de la Terre, du Métal et de l'Eau. Comme pour le yin et le yang, chaque manifestation physique/matérielle appartenant à l'un de ces éléments contient ne serait-ce qu'un tout petit peu des autres. Chacun des douze méridiens appartient à l'un des cinq éléments ci-dessus énumérés. Ces éléments sont liés entre eux par un cycle tantôt constructif, tantôt destructeur.

- Durant le cycle constructif (*Sheng*), le Feu est alimenté par le Bois ; les cendres deviennent la Terre qui produit le Métal ; l'Eau prend sa source dans le Métal (lorsque l'élément Métal se liquéfie et devient fluide) ; et enfin l'Eau nourrit les arbres à partir desquels on fait le Bois.
- Durant le cycle destructeur (*Ko*), le Feu fait fondre le Métal, lequel sert à couper le Bois ; Le Bois recouvre la Terre, et la Terre à son tour contient l'Eau.

Selon certains experts, tel le professeur Needham, auteur de *Science et civilisation en Chine*, les cinq éléments seraient en fait représentatifs de cinq caractéristiques : la fertilité pour la Terre ; la solidité et l'usinage pour le Bois ; la combustion et la chaleur pour le Feu ; la fluidité pour l'Eau ; et enfin la disposition à fondre pour le Métal.

À chacun de ces cinq éléments fondamentaux est associé un certain nombre de phénomènes naturels ayant une influence sur la santé ; les Chinois accordaient une place importante aux facteurs environnementaux dans l'apparition et le développement de la maladie.

Chaque élément est associé à :

- l'un des cinq points cardinaux (nord, sud, est, ouest, centre) ;
- l'une des cinq saisons (printemps, été, fin de l'été, automne, hiver) ;
- l'un des cinq climats agressifs (vent, chaleur, humidité, sécheresse, froid) ;
- l'une des cinq couleurs (vert, rouge, jaune, blanc, noir) ;
- aux cinq étapes de développement (naissance, croissance, transformation, cueillette, stockage).

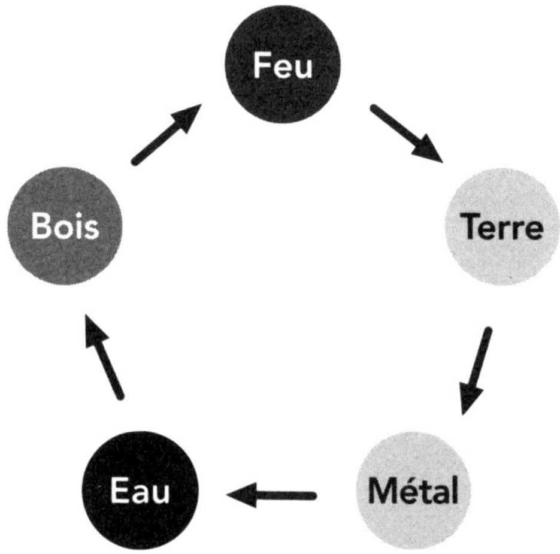

Relation d'engendrement des 5 éléments

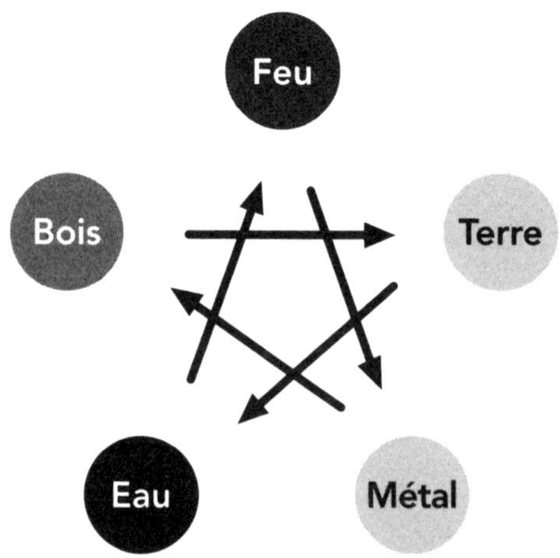

Relation de domination des 5 éléments

Loi Mère-Fils

Est la conséquence du flot cyclique de l'énergie d'un méridien à un autre, d'un organe à un autre. En cas de dysfonctionnement d'un méridien, on peut intervenir en traitant le méridien qui le précède ou qui le suit.

Loi de Midi-Minuit

Il faut vingt-quatre heures à l'énergie pour parcourir les douze méridiens, ce qui veut dire qu'elle s'attarde deux heures en chaque méridien. On peut améliorer les résultats thérapeutiques en se servant de cette loi qui indique les plages horaires pour chacun des méridiens. Par exemple, le méridien du poumon est traversé par le qi entre trois et cinq heures du matin ; on peut donc en théorie soigner à cette heure-ci à la fois un dérèglement du méridien comme toute autre pathologie y étant rattachée.

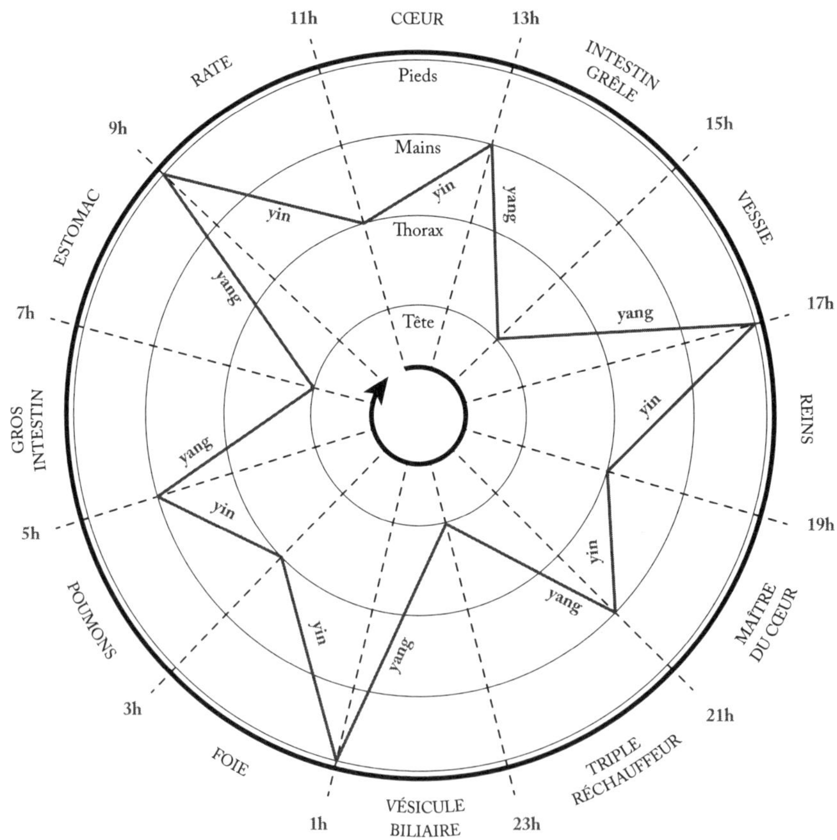
11h
CŒUR
13h
RATE
INTESTIN GRÊLE
Pieds
9h
15h
Mains
yin
yang
yin
Thorax
VESSIE
ESTOMAC
yang
7h
yang
17h
Tête
GROS INTESTIN
yin
REINS
yang
5h
yin
19h
yin
yang
POUMONS
yin
yang
MAÎTRE DU CŒUR
3h
21h
FOIE
TRIPLE RÉCHAUFFEUR
1h
VÉSICULE BILIAIRE
23h

Loi Mari-Épouse

Concerne l'équilibre entre les six pulsations prises sur le poignet droit (correspondant à six des méridiens) et les six autres prises sur le poignet gauche (correspondant aux six autres méridiens), sachant que le côté gauche du corps, en médecine chinoise, est le côté dominant, ou yang. C'est un art délicat, car il faut arriver à percevoir des variations d'une très grande subtilité (dont l'équivalent, en médecine manuelle, serait la perception de la respiration crânienne).

Pour mieux comprendre comment tout cela fonctionne, voici quelques exemples : obésité et humidité (en tant que source climatique malsaine) vont souvent de pair, tandis qu'un individu mince souffrira davantage d'une carence de yin. Une personne au teint pâle suggère l'influence du froid. La décoloration marron foncé observée sous les yeux indique une déficience du rein et un refroidissement du sang. Et ainsi de suite.

On le voit bien, recourir à ces lois – dans le but de formuler un diagnostic pour ensuite choisir un traitement – exige une compréhension et un apprentissage long et fastidieux, pas vraiment applicables dans un cabinet moderne où l'on ne peut se permettre de consacrer plus d'une heure à chaque patient, en tentant d'assembler les myriades d'informations glanées au cours de l'anamnèse et de l'examen physique. Nous autres acupuncteurs des temps modernes avons la chance de bénéficier de l'expérience d'éminents professeurs et chercheurs ayant balisé la voie ; la plupart du temps, nous recourrons à des protocoles validés cliniquement des dizaines de milliers de fois et nous connaissons les points d'influence, les points de liaison, les points d'alarme, bien utiles.

MÉRIDIENS ET ÉNERGIE

L'énergie dans le corps humain circule dans des canaux qui ne sont pas identifiables anatomiquement ; ils existent, mais puisque ce sont des vecteurs d'énergie, ils sont immatériels. Il en existe six paires, soit douze méridiens répartis de manière symétrique entre le côté gauche et le côté droit du corps.

Au cours des décennies et des siècles, de nouveaux points furent découverts. Les docteurs de l'époque commençaient à les connecter entre eux en fonction de leur relation aux organes et aux tissus sur lesquels ils agissaient de concert. Peu à peu, des chapelets de points furent associés les uns aux autres, formant un canal anatomique réparti sur la surface du corps ; à chacun de ces canaux correspondaient un organe, un tissu, une fonction. Un système de plus en plus précis et sophistiqué était en train de voir le jour. On aboutit à douze méridiens, répartis en deux paires de chaque côté du corps. On dénombre également huit méridiens dits *extraordinaires*, dont deux sont souvent utilisés ; il s'agit du méridien (ou vaisseau) de la *conception* (localisé sur le devant du corps) et le méridien *gouverneur* (situé le long de la colonne vertébrale).

Selon la théorie fondatrice de l'acupuncture, l'Homme fait partie intégrante de la nature et de l'univers ; par conséquent, il en subit les influences (à ce propos, sur le plan conceptuel, Confucius considérait comme un grand art celui de parvenir à mettre en adéquation les projets ambitionnés par l'individu et les circonstances en lesquelles ils doivent s'accomplir et se réaliser ; en d'autres mots, que les choix et les actes de chacun s'harmonisent avec leur environnement, ou encore que le projet personnel ait l'intelligence de l'ensemble). Le microcosme formé par l'organisme est interconnecté au macrocosme par l'entremise des méridiens, à l'intérieur desquels circule l'énergie vitale, le qi. En temps normal, le qi est en harmonie avec les forces universelles. On comprend dès lors pourquoi le corps est sensible aux influences de l'environnement tels le froid, l'humidité, le vent, la chaleur, l'ensemble de ces manifestations étant regroupé sous l'appellation *facteurs exogènes*. Lorsque le corps subit les assauts de l'humidité, par exemple, cela perturbe le flot de l'énergie, ce qui se traduit par la maladie. Et c'est en se servant des points localisés le long des méridiens concernés par l'agression que l'on rétablit l'équilibre énergétique.

Si le corps est sensible aux caprices de la nature, il réagit de même aux *facteurs endogènes* tels les émotions fortes, les intoxications, les microbes, lesquels vont affecter le fonctionnement des organes internes et, par voie de fait, les méridiens qui leur correspondent. En règle générale, les raisons pour lesquelles une personne tombe malade dépendent à la fois de facteurs exogènes et de facteurs endogènes, selon une combinaison bien précise qu'il incombe au docteur de discerner.

Les méridiens, en résumé, servent d'intermédiaires entre le macrocosme et le microcosme. Ce que les acupuncteurs chinois de l'ancien temps ont compris, c'est qu'ils pouvaient traiter les pathologies internes et organiques en se servant des points localisés le long des méridiens, à la surface du corps. C'est pour cette raison, entre autres, que les méridiens sont nommés en fonction des organes qui leur correspondent : méridien du foie, méridien des reins, de la rate...

Sur les douze méridiens, six parcourent le bras ; et sur les six, trois sont yin et courent le long du devant du bras ; les trois autres sont yang et sillonnent l'arrière du bras. Idem pour les membres inférieurs, principe identique.

En bref, l'énergie yang circule sur le côté externe des membres, tandis que l'énergie yin circule sur la face interne des membres supérieurs et inférieurs.

Le changement de polarité de l'énergie se fait au niveau des poignets et des chevilles.

D'un point de vue métaphorique, lorsque l'homme en position verticale lève les bras au-dessus de sa tête, l'énergie yang (cosmique) contenue dans l'univers – et symbolisée par le soleil, la chaleur et la lumière – descend le long des membres supérieurs et inférieurs, sur le côté externe, jusqu'à ce qu'elle atteigne l'énergie yin (tellurique) émanant de la terre ; laquelle, à son tour, remonte le long du corps en suivant la face interne des jambes et des bras, complétant de la sorte l'échange d'énergie entre le ciel et la terre. Les « parents » de l'homme, en quelque sorte, sont le ciel et la terre. Le cycle reliant l'homme à la terre et au ciel est symbolisé dans le dessin suivant :

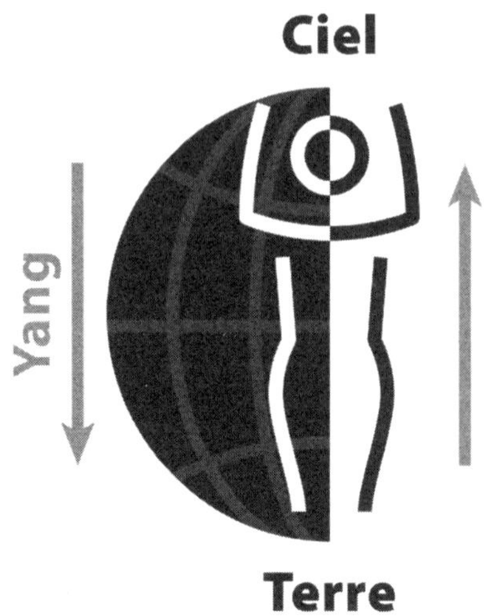

L'énergie vitale, le qi, circule à travers les méridiens en respectant un ordre bien précis.

Voyons à présent quelles sont les propriétés et caractéristiques des méridiens :

Cœur-péricarde

- régulation de la circulation sanguine ;
- activité mentale – traite les troubles psychiques ;
- connecté à la langue ;
- relié à l'intestin grêle.

Poumon

- régulation des voies respiratoires ;
- influence sur les problèmes de peau et de capillarité corporelle ;
- connecté au nez ;
- relié au colon (gros intestin).

Rate (inclue le pancréas)

- régulation de la digestion ;
- contrôle le métabolisme de l'eau ;
- contrôle la circulation sanguine ;
- traite les problèmes de muscles, tendons et autres « tissus mous » ;
- connecté à la bouche ;
- relié à l'estomac.

Foie

- réservoir de sang ;
- sécrétion de la bile ;
- tendons et fonctions endocriniennes ;
- transport du sang, de la bile et des substances endocriniennes ;
- connecté à l'œil ;
- relié à la vésicule biliaire.

Rein

- concerne le rein et les fonctions génitales ;
- régulation de la croissance des os et des dents ;
- contrôle des os, des cartilages, des cheveux ;
- essences vitales sexuelles – reproduction et caractères sexuels ;
- connecté à l'oreille ;
- relié à la vessie.

Estomac

- ingestion, digestion et transport des aliments et de l'eau.

Intestin grêle

- opération de triage de la nourriture absorbée ;
- acheminement des résidus vers le gros intestin.

Gros Intestin

- conduit et élimine les déchets.

Vésicule Biliaire

- contient la bile ;
- contrôle le psychisme ;
- assure l'intégrité musculaire.

Vessie

- contrôle la circulation de l'eau et des fluides.

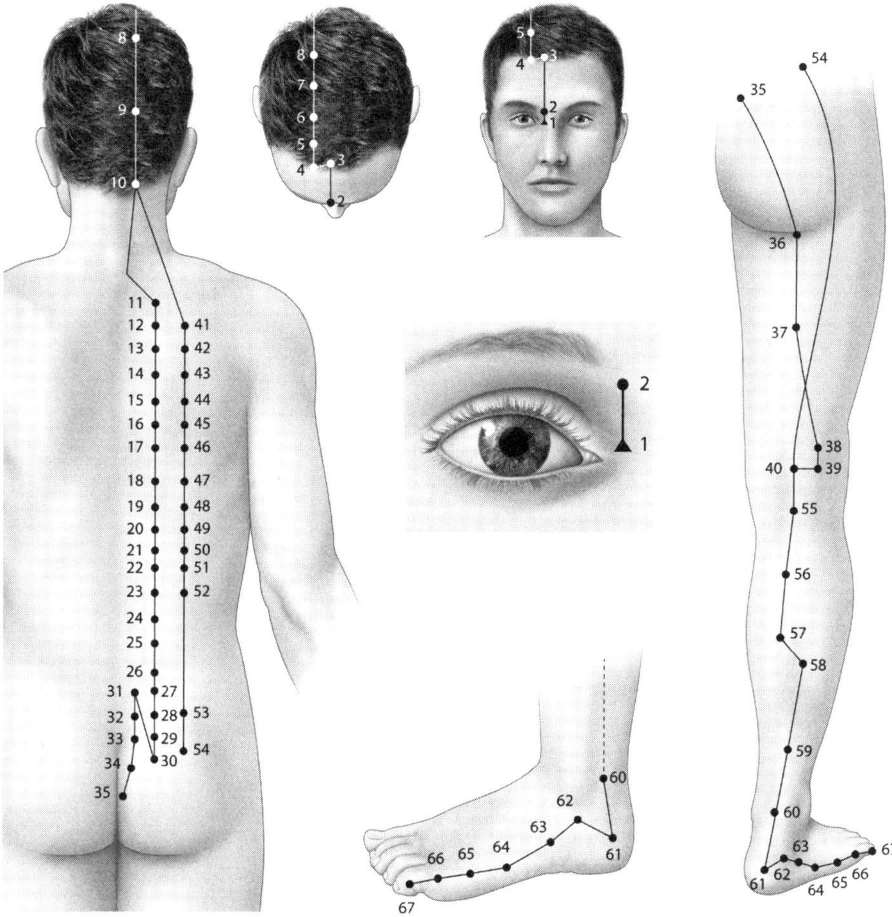

Parcours du méridien vessie avec les principaux points

Triple réchauffeur (Sanjiao)

N'a pas de représentation physique dans l'organisme ; il est la synthèse des fonctions homéostatiques, dont il assure la cohésion et la préservation.

Les cinq premiers méridiens – cœur-péricarde, poumons, rate, foie, rein – correspondent aux cinq organes yin, responsables du stockage et de la préservation des ressources vitales de l'organisme. Ce sont des *organes pleins*.

Les autres méridiens – estomac, intestin grêle, gros intestin, vésicule biliaire, vessie et *Sanjiao* – sont les organes yang ; ils sont collectivement responsables des étapes de transformation de la nourriture et des fonctions d'évacuation. Ce sont des *organes vides*, ou creux.

Concernant les deux autres méridiens situés sur le devant du corps et le long de la colonne vertébrale, en voici les principales caractéristiques et fonctions.

Méridien (vaisseau) gouverneur

- se situe à l'arrière du crâne et le long de la colonne vertébrale ;
- n'est pas lié à un organe en particulier : son rôle est de « chapeauter » l'ensemble des méridiens yang ;
- traite les douleurs lombaires ;
- stimule l'immunité – surtout le point 14 ;
- traite les troubles mentaux et neurologiques (point 11 et perte de mémoire).

Méridien (vaisseau) conception

- occupe la partie ventrale du corps du centre du visage jusqu'au pubis ;
- n'est pas lié à un organe en particulier : son rôle est de « chapeauter » les autres méridiens yin ;
- influence les fonctions reproductrices – sexualité, conception, grossesse ;
- traite toutes sortes de troubles situés sur son trajet : urogénital, gastro-intestinal, cœur, poumon, facial.

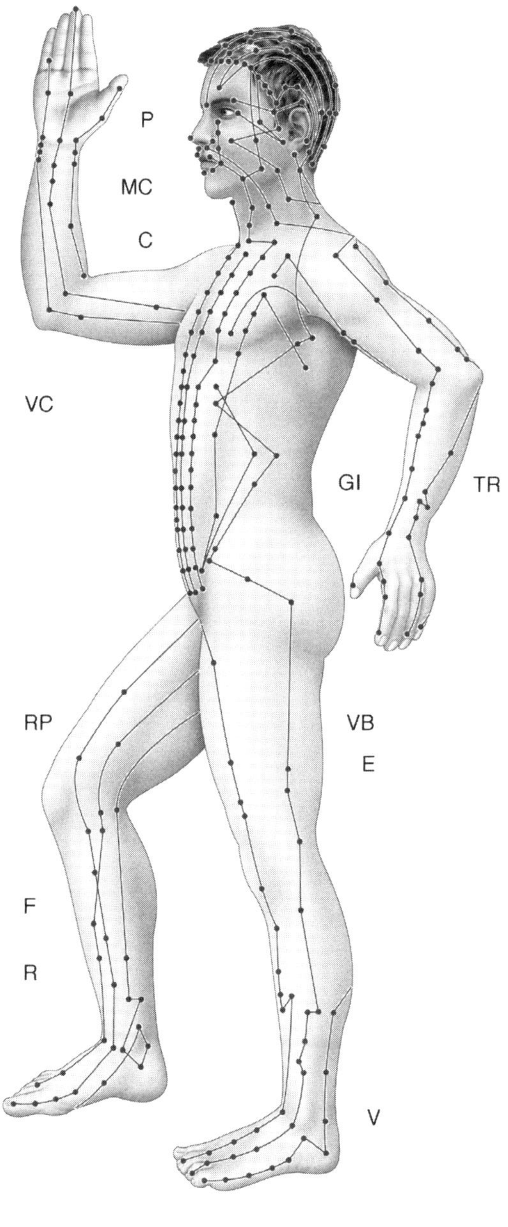

Trajet des méridiens d'acupuncture

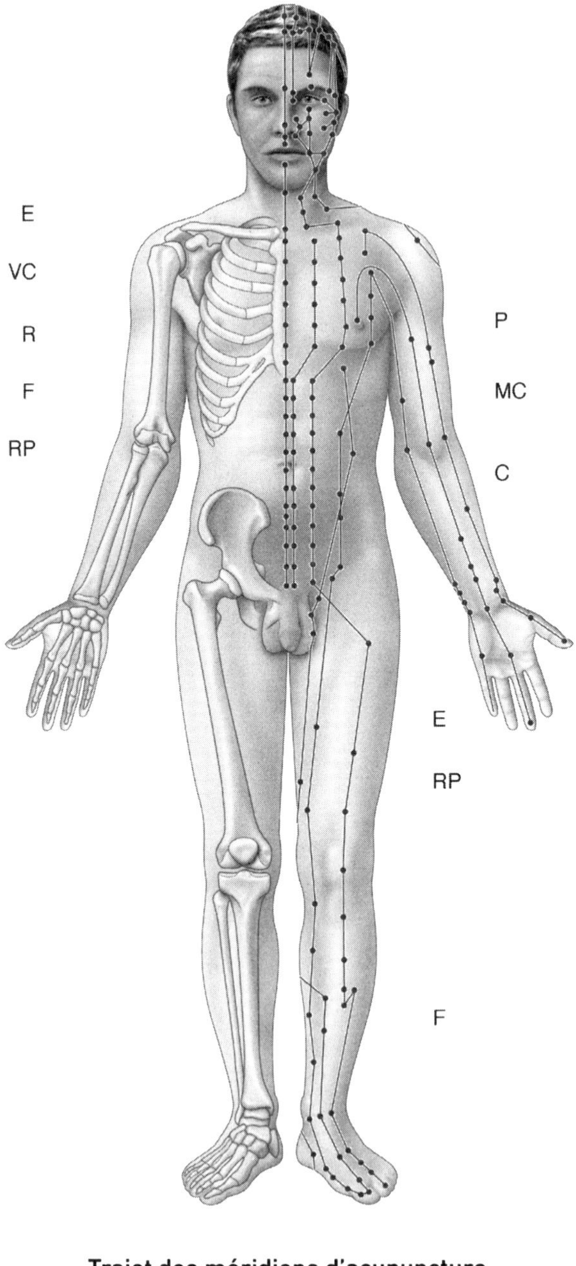

Trajet des méridiens d'acupuncture

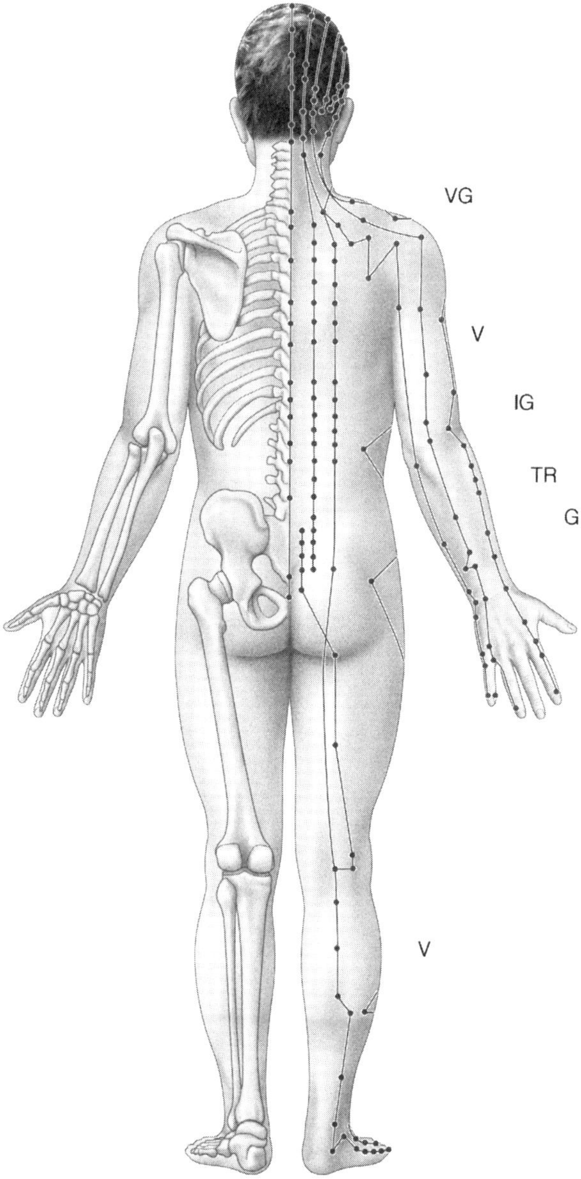

Trajet des méridiens d'acupuncture

Points Xi-cleft

Après avoir examiné quels sont les tissus et les organes auxquels sont reliés les méridiens, ainsi que les fonctions dont ils se chargent, il nous reste à décrire deux types de points particuliers : ceux dont il est question ici et ceux dont il est question dans le paragraphe suivant.

À chacun des douze méridiens correspond un point d'acupuncture appelé *Xi-cleft* traitant les *maladies aiguës* de l'organe qui leur est associé – ou des organes, si tel est le cas. Les points *Xi* sont donc des *points d'urgence*.

Si, à titre d'exemple, l'organe poumon emblématique du méridien du poumon est la cible d'une pneumonie ou d'une crise d'asthme, il faut exercer une forte stimulation sur le point Poumon 6 dans l'espoir d'en atténuer la durée et l'intensité.

Correspondances entre méridiens et points *Xi*	
Méridien	**Point *Xi-cleft***
Poumon	Poumon 6
Gros intestin	Gros intestin 7
Estomac	Estomac 34
Rate	Rate 8
Cœur	Cœur 6
Intestin grêle	Intestin grêle 6
Vessie	Vessie 63
Reins	Reins 5
Péricard	Péricarde 4
Triple réchauffeur	Triple réchauffeur 7
Vésicule biliaire	Vésicule biliaire 36

Points sources Yuan

À l'opposé des points *Xi*, les points *Yuan* traitent les *pathologies chroniques* des organes internes, selon la correspondance qu'ils entretiennent avec leur méridien respectif. Ils sont localisés à proximité des poignets et des chevilles. Chaque point *Yuan* concentre l'énergie vitale de l'organe symbolique du méridien concerné.

Si je prends l'exemple d'un patient atteint d'une maladie pulmonaire obstructive chronique (une MPOC), le point Poumon 9 est à utiliser lors de chaque séance d'acupuncture, en plus des autres points sélectionnés.

Correspondances entre méridiens et points *Yuan*	
Méridien	**Point *Yuan***
Poumon	Poumon 9
Gros intestin	Gros intestin 4
Estomac	Estomac 42
Rate	Rate 3
Cœur	Cœur 7
Intestin grêle	Intestin grêle 4
Vessie	Vessie 64
Reins	Reins 3
Péricard	Péricarde 7
Triple réchauffeur	Triple réchauffeur 4
Vésicule biliaire	Vésicule biliaire 40
Foie	Foie 3

Points d'alarme (Mu)

Ce sont des points situés sur le thorax et la poitrine qui servent à la fois au diagnostic et au traitement. Chaque méridien a le sien. Ils deviennent réactifs et sensibles au toucher en cas de maladie ou de dysfonctionnement de l'organe auquel chacun d'entre eux correspond.

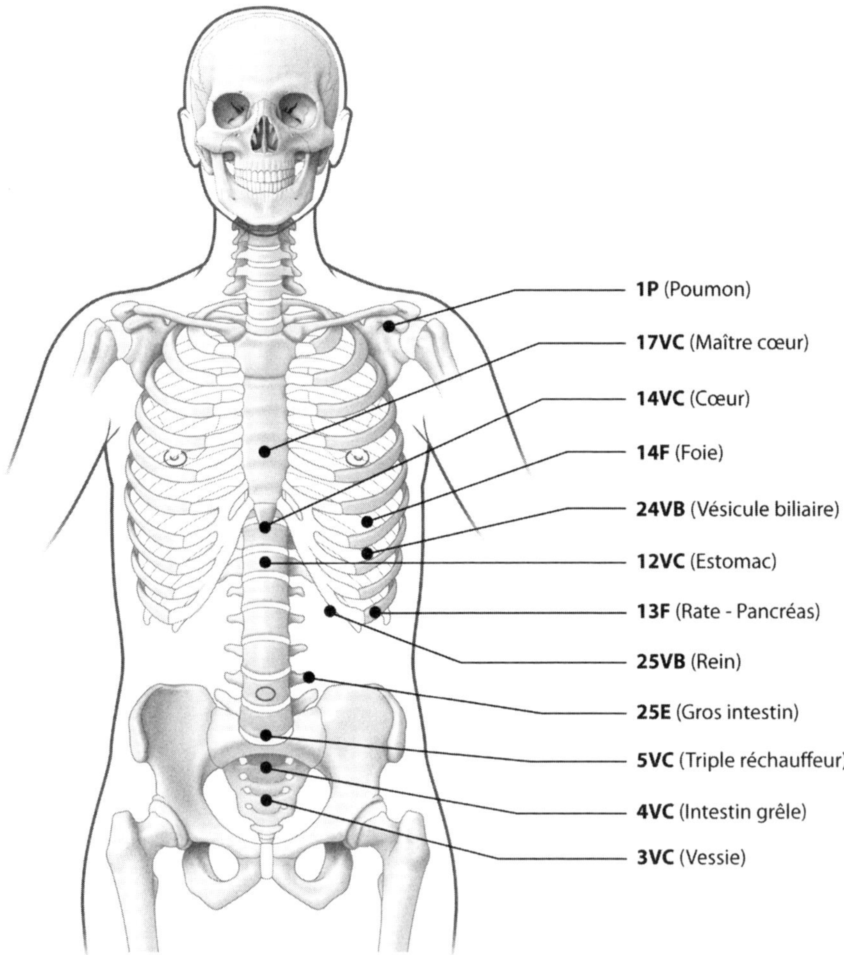

Points d'alarme Mu

Points extraordinaires

Pour clore ce tour d'horizon, mentionnons l'existence des points extraordinaires, aussi appelés points *curieux*, dont le nombre ne cesse d'augmenter au fil des décennies. Ce sont des points découverts à une date assez récente, et qui ne figurent pas le long des méridiens conventionnels ; mais ils ont fait la preuve de leur efficacité clinique, raison pour laquelle ils sont intégrés progressivement au nombre des points usités. Pour ma part, et pour donner un exemple, j'utilise souvent les points *Anmian* 1 et 2 localisés sur l'os mastoïde à la base du crâne, et qui sont très efficaces pour traiter l'insomnie (voir à ce propos le cas clinique 1, page 146).

EFFETS PHYSIOLOGIQUES ET CURATIFS

C'est vrai, on se demande comment le fait de planter des aiguilles dans le corps peut soulager la douleur et provoquer la guérison. Il existe plusieurs bonnes raisons de recourir à l'acupuncture, que ce soit dans le cadre curatif ou bien dans le cadre préventif. Hormis le fait que la méthode soit pratiquement dépourvue d'effets secondaires (voir la sixième partie, à ce propos), elle a l'immense mérite d'agir sur l'ensemble des principaux phénomènes physiologiques qui permettent à l'organisme de se maintenir dans un état de fonctionnement optimal. C'est-à-dire que grâce à son emploi régulier – et dans la mesure où elle est pratiquée dans les règles de l'art – l'acupuncture aide l'individu à conserver un corps et un esprit adaptables, tout en optimisant leur fonctionnement. Voici comment.

Production d'endorphines par le cerveau

Ce sont de puissantes molécules antidouleur et euphorisantes sécrétées par l'hypothalamus et l'hypophyse en certaines circonstances : lorsqu'on est heureux, lors de la pratique intensive du sport, lorsqu'on est amoureux, et bien sûr lors d'un traitement d'acupuncture/homéopuncture ou une séance de médecine manuelle. Cette substance, en se répandant à travers l'organisme, atténue la sensation douloureuse et apaise l'anxiété. Ce n'est pas pour rien que l'on recommande aux gens de pratiquer de façon régulière une activité physique, surtout des sports d'endurance tels la course à pied, la marche nordique, le vélo ou le ski de fond. La libération d'endorphines par les glandes cérébrales dépend de l'intensité, mais surtout de la durée de l'effort.

Analgésie

Chaque jour, je reçois des personnes en crise aiguë, soit au niveau de la colonne cervicale, soit au niveau de la colonne lombaire ; avant de procéder au déblocage des vertèbres impliquées, je traite la région avec des aiguilles, dont l'embout est trempé dans la solution homéopathique appropriée, afin de la détendre et d'apaiser la douleur du patient : l'acupuncture est donc un puissant *analgésique*.

Réduction de l'inflammation

La région traitée se décongestionne, les muscles se détendent, il y a activation des processus de guérison et de réparation des tissus.

Par exemple, en cas d'entorse de la cheville, la stimulation d'un certain nombre de points localisés sur et autour de la cheville va réduire l'œdème et l'inflammation générés par le traumatisme, favorisant de la sorte la guérison.

Activation des fibres sensorielles : théorie du *Gate control*

La régulation de l'information douloureuse s'effectue au niveau cérébral, mais aussi au niveau de la moelle épinière. Si on pique un point d'acupuncture, ou bien si l'on masse un muscle, ou encore si l'on effectue une manipulation articulaire, on stimule une énorme quantité de capteurs sensoriels possédant la faculté de court-circuiter les messages douloureux véhiculés par les fibres *nociceptives* (fibres nerveuses acheminant les sensations douloureuses). En quelque sorte, l'activation des récepteurs sensoriels disséminés un peu partout dans la peau, les muscles et les articulations, va empêcher l'information douloureuse d'atteindre la moelle épinière et par conséquent le cerveau, ce qui se traduit pour le patient par une baisse de la sensation douloureuse.

Harmonisation et renforcement de l'*homéostasie*

L'homéostasie est la capacité inhérente d'un organisme vivant de se maintenir en état optimal de fonctionnement. L'acupuncture active et stimule l'ensemble des systèmes internes contribuant à maintenir l'homéostasie – les systèmes endocrinien, nerveux et immunitaire, en particulier. Cet effet se réalise chaque fois que l'on traite, mais pour le favoriser de manière plus précise on sélectionne un petit nombre de points réputés pour leurs vertus régulatrices.

Stimulation du système immunitaire

Se faire suivre par acupuncture renforce les capacités de l'organisme à lutter contre les infections. Après une séance, on note une recrudescence de globules blancs, d'anticorps, de gammaglobulines et autres substances dans le sang.

Détente et relaxation

On se sent bien, après une séance. Si le corps est détendu, il en va de même pour l'esprit. Déjà, le fait de rester allongé au calme et dans le silence contribue à apporter la sérénité. Puis, il y a l'effet anxiolytique des points, dont certains sont connus pour cela. Au cabinet, j'emploie fréquemment l'acupuncture pour aider mes patients à résister au stress, ou bien pour retrouver le sommeil. Il est nécessaire de répéter les séances jusqu'à ce que la stimulation des points sédatifs parvienne à faire tomber la pression à l'intérieur de la personne. C'est un bon substitut aux anxiolytiques, trop puissants au regard du degré de perturbation dont se plaint la majorité des patients.

Accélération des processus de guérison

Imaginons un individu souffrant d'arthrose dans le genou ; l'articulation, raide et ankylosée, craque et fait mal chaque fois que l'on tente de la faire bouger au-delà d'un certain seuil. Le patient se soulage en absorbant des anti-inflammatoires ou des analgésiques, mais l'effet est de courte durée et son estomac donne des signes de faiblesse. Comme solution, on « pique » le genou, mais aussi d'autres points éloignés pourvus de pouvoirs curatifs bien précis : il s'agit de *points d'influence*, des points ayant un impact global sur les os et les cartilages, sur la vue, sur la moelle osseuse, sur les tendons et ligaments, etc. Ils sont au nombre de huit. Chaque fois que l'on va traiter un malade pour un problème, on va y associer un ou plusieurs de ces points d'influence, afin de favoriser et d'accélérer la guérison. C'est la raison pour laquelle, si vous vous êtes déjà fait soigner par acupuncture, le docteur qui s'occupe de vous sélectionne également des points n'ayant *a priori* aucun lien avec le problème pour lequel vous venez consulter. Revenons à notre patient atteint de *gonarthrose* (arthrose du genou) : les aiguilles, plantées sur et autour du genou, vont activer la circulation sanguine et l'apport de nutriments, ce qui va aider les tissus malades à cicatriser dans de bonnes conditions. Le genou va se détendre, l'inflammation baisser, le mouvement s'amplifier et la douleur s'atténuer.

TECHNIQUES ET MÉTHODES

De quoi se sert l'acupuncteur pour traiter les points situés le long des méridiens ?

Aiguilles

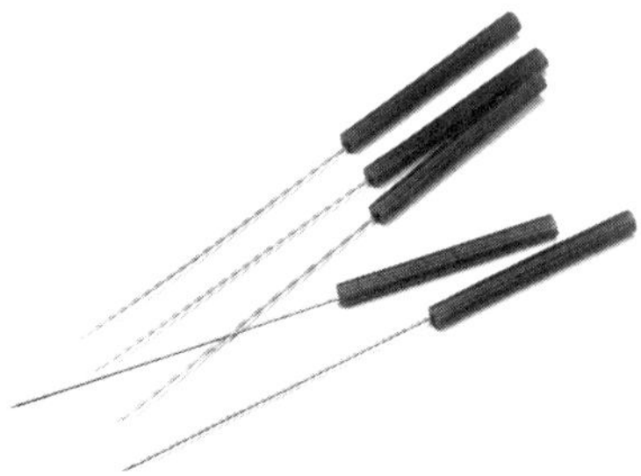

La méthode la plus connue est bien entendu le *planter d'aiguilles* ; celles-ci peuvent être en cuivre ou en métal (neutres), en argent (sédatives) ou en or (tonifiantes). On n'utilise plus guère les aiguilles en argent ou en or, car elles coûtent cher et la stérilisation par autoclave n'a plus la côte. Les acupuncteurs, dans leur majorité, se servent d'aiguilles jetables à usage unique ; stériles, elles sont empaquetées individuellement et jetées après usage dans un récipient prévu à cet effet. Les risques d'infection ou de contamination sont par conséquent quasi inexistants. Les techniques d'insertion de l'aiguille varient de façon considérable d'un praticien à l'autre – tout comme le choix des points à traiter, d'ailleurs. Ce qui doit prévaloir, dans chaque cas de figure, c'est de faire le moins mal possible au patient ; et ce qui fait le moins mal, c'est d'insérer l'aiguille très rapidement à travers la peau, d'un geste bref et précis. Si on l'enfonce, ainsi que cela se pratique dans certaines contrées, le traitement devient douloureux et cela nuit au bien-être du malade.

La profondeur à laquelle on enfonce l'aiguille une fois qu'elle a pénétré à l'intérieur du corps varie en fonction de la localisation anatomique du point choisi, ainsi que de l'effet souhaité. On peut faire rentrer l'aiguille verticalement (région musculaire), en position oblique, ou carrément à l'horizontale (sur le crâne). La durée moyenne d'un traitement varie de quinze à trente minutes, et il faut le répéter à une fréquence régulière jusqu'à l'amélioration des symptômes, surtout s'il s'agit d'un problème chronique.

En de rares circonstances – douleur aiguë de l'algodystrophie, névralgie faciale –, il est admis de laisser les aiguilles plus longtemps, jusqu'à une heure ; il est aussi possible, dans ces cas précis, de recourir à l'électrostimulation des aiguilles, ce qui en amplifie l'effet analgésique. Lorsque le temps est écoulé, le docteur retire une à une les aiguilles en veillant à n'en oublier aucune – ce qui arrive parfois. Si l'on a face à soi un patient qui ne supporte pas que les aiguilles restent à l'intérieur de lui/elle, on peut toujours essayer une autre technique consistant à stimuler intensément le point piqué et à retirer l'aiguille au bout de quelques secondes.

Acupressure (ou acupression, ou digitopression)

Avec les patients sensibles ou fragiles, l'*acupressure* est une bonne solution, bien que moins puissante que la technique classique. Le recours à l'acupressure est une façon sûre et pratique de se soigner à domicile, pour peu que l'on connaisse les points sur lesquels appuyer avec le bout de ses doigts. Les problèmes de santé étant pour la plupart de nature récurrente, pourquoi ne pas enseigner à quelqu'un la manière appropriée de se traiter, dans la mesure où le mal dont il souffre ne relève pas de cette catégorie de pathologies nécessitant des soins plus élaborés, et donc l'intervention d'un spécialiste ? Nous sommes très nombreux à nous plaindre de *troubles fonctionnels mineurs*, qui sont des dysfonctionnements désagréables, mais sans gravité réelle, affectant la tête (maux de tête, légers vertiges, sinusite…), le ventre (ballonnements, constipation, crampes abdominales…) et bien entendu toutes sortes de douleurs tendineuses et articulaires plus ou moins invalidantes. Lorsqu'il s'agit de se soulager de l'un ou de l'autre de ces troubles fonctionnels mineurs, dont nous venons de dire qu'ils sont pléthoriques et que chacun de nous avait les siens, pourquoi ne pas apprendre à localiser les points d'acupuncture qui leur correspondent, et dont la stimulation régulière, sans risque, contribue à améliorer la situation ?

Un ouvrage traitant de l'acupressure conçu à l'attention du grand public, dont je suis l'auteur, est en cours de préparation aux éditions Ellébore.

Quelques mots concernant le *shiatsu*, méthode de soins et de bien-être japonaise, qui se pratique en exerçant une pression avec les doigts le long des méridiens ; c'est la version *soft* de l'acupuncture. *Shiatsu*, en japonais, signifie « pression des doigts ». Il en existe plusieurs variantes. La méthode consiste à exercer une certaine pression sur chacun des points faisant partie d'un méridien, du début jusqu'à sa fin. En principe, il faut traiter chacun des méridiens à tour de rôle, en suivant un ordre prédéfini. Puisqu'à chacun des méridiens correspondent un organe et un ensemble de fonctions, l'intérêt de recourir au shiatsu est qu'il provoque une stimulation globale de l'organisme. Toutes les fonctions corporelles sont dynamisées de manière simultanée et, pour les patients qui ne supportent pas les aiguilles, cela peut être un bon substitut. Les diverses manières d'exercer le shiatsu s'écartent parfois des méridiens pour se focaliser sur les fascias ou les liaisons musculo-tendineuses. Une personne motivée peut sans danger employer la technique après une petite formation auprès d'un pratiquant qualifié – il n'est en effet pas évident de savoir quelle pression exercer, quelles sont les précautions à prendre, et d'autres paramètres qu'il est inutile de développer ici.

Laser

Depuis plusieurs années, le *laser* est à la mode ; il offre l'avantage d'être indolore, il n'y a plus pénétration de la peau, et il est mieux toléré par les enfants et par les patients à la sensibilité élevée.

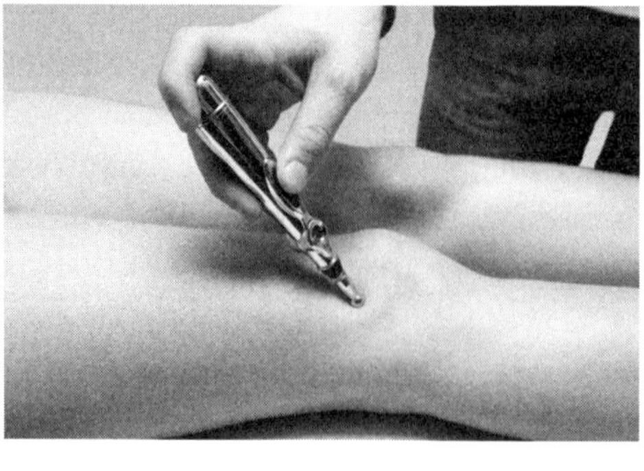

Traitement par laser d'un point situé sur le genou.

Moxibustion

L'utilisation du *moxa*, présenté sous forme de bâtonnets, de cônes ou de petites boulettes, sert à réchauffer le méridien en passant par le point d'acupuncture ; cela a pour effet d'activer la circulation du sang et de l'énergie, tout en dispersant le froid et l'humidité. Le *moxa* est contre-indiqué en cas de maladies fébriles et sur certaines parties du corps tels les yeux, les muqueuses, ou encore les carotides.

Traitement de points à l'aide de *moxa*.

Électro-acupuncture

L'*électro-acupuncture* est la technique moderne de stimulation des points d'acupuncture – évitant la stimulation manuelle. On utilise pour cela un courant électrique dont on règle le voltage, la fréquence et l'intensité en fonction de ce que l'on souhaite obtenir comme effet thérapeutique, et également en fonction de la tolérance propre à chaque patient. L'électricité augmente l'effet analgésique, ainsi que l'efficacité des aiguilles plantées sur les points neuromusculaires. Un autre appareil, l'*acupunctoscope*, fonctionnant à l'électricité, est parfois utilisé pour repérer avec précision les points à soigner ; pendant que le patient tient dans sa main l'une des deux électrodes, le docteur, à l'aide de l'autre électrode munie d'un embout fin et rond, sonde le corps à la recherche de points réactifs. Cette technique, qui demande du temps, est surtout utile lorsqu'on pratique l'auriculothérapie, puisqu'un grand nombre de points se retrouvent sur une surface anatomique de petite taille et l'acupunctoscope limite le risque d'erreur.

La photo ci dessous montre le traitement par électro acupuncture d'une épicondylite chronique du coude.

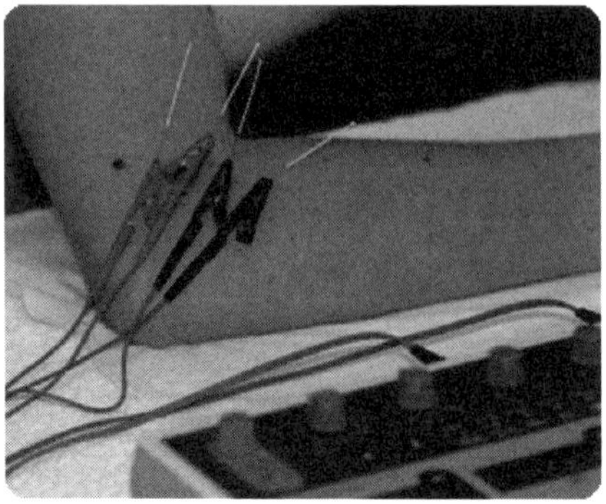

Auriculothérapie

L'auriculothérapie est un substitut à l'acupuncture classique pratiquée sur le corps. Cette fois-ci, on va utiliser l'oreille en tant que représentation fœtale (inversée, la tête orientée vers le bas) du corps, chaque partie de l'oreille correspondant à une région anatomique que l'on va pouvoir stimuler et traiter à l'aide d'aiguilles ou de petits implants que l'on va laisser pendant quelques jours, le temps qu'ils agissent. Environ deux cents points sont répertoriés sur la surface de l'oreille. Un point localisé sur l'oreille et connecté à un organe corporel « malade » est sensible et donne des signes d'hyperactivité mesurable à l'aide d'un électro-acupunctoscope (ou acupunctoscope, ou encore punctomètre), petit appareil en forme de stylo, dont la pointe mesure l'activité électrique. D'un point de vue anatomique, n'oublions pas que l'oreille est constituée en grande partie de cartilage recouvert de peau richement vascularisée et innervée, et qu'en cas de maladresse de la part de l'acupuncteur, cela peut avoir de pénibles conséquences. L'hygiène est primordiale ; au moment de planter l'aiguille, il faut à tout prix éviter de percer la surface du cartilage. L'emploi de l'auriculothérapie donne de bons résultats lorsqu'il s'agit de traiter des troubles affectant les organes internes, et rien ne contre-indique l'emploi de l'homéopuncture.

Voyez ci-dessous le diagramme de l'oreille avec la représentation fœtale inversée.

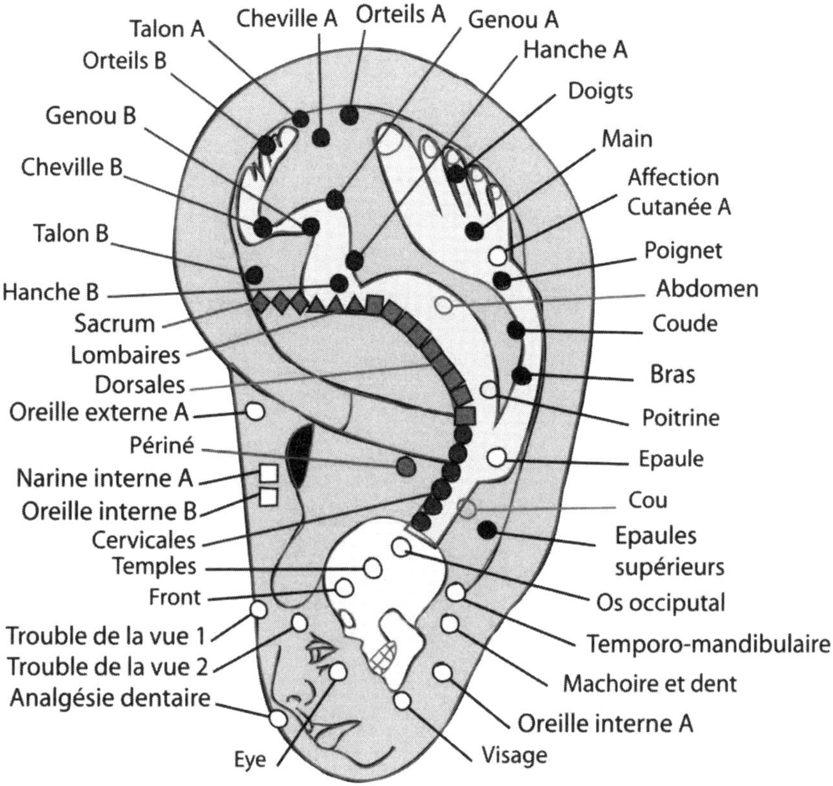

Talon A
Cheville A
Orteils A
Genou A
Hanche A
Orteils B
Doigts
Genou B
Main
Cheville B
Affection
Cutanée A
Talon B
Poignet
Abdomen
Hanche B
Sacrum
Coude
Lombaires
Dorsales
Bras
Oreille externe A
Poitrine
Périné
Epaule
Narine interne A
Oreille interne B
Cou
Cervicales
Epaules
supérieurs
Temples
Front
Os occiputal
Trouble de la vue 1
Temporo-mandibulaire
Trouble de la vue 2
Machoire et dent
Analgésie dentaire
Oreille interne A
Eye
Visage

RISQUES ET CONTRE-INDICATIONS

Il y en a peu – et Dieu sait si pareille innocuité est appréciable ! –, le principal effet secondaire lié à la pratique de l'acupuncture réside dans une très légère sensation douloureuse au moment où l'aiguille pénètre la peau, et encore cela n'est-il pas fréquent. Le reste, c'est une affaire de bon sens, à savoir qu'il faut éviter de piquer, ou alors faire très attention :

- autour des yeux ;
- dans la région du cou (carotides) et à la base du crâne (moelle épinière vulnérable) ;
- sur la poitrine, et notamment la localisation anatomique de la vésicule biliaire ;
- sur un endroit infecté ou variqueux.

Et il est interdit de planter des aiguilles :

- sur la tête des nourrissons, en raison des fontanelles ;
- sur les seins ;
- dans le nombril ;
- sur les organes génitaux ;
- sur une femme enceinte – il y a risque de provoquer un avortement.

Il arrive en de (très) rares occasions que :

- l'aiguille se casse à l'intérieur des tissus, ou qu'elle reste coincée en raison d'un spasme musculaire ou d'une torsion, d'une vrille des tissus connectifs ;
- on oublie d'enlever une aiguille ;

- le patient tourne de l'œil pour cause d'émotivité ou de trop forte réaction physiologique ;
- un peu de sang s'échappe du point lors du retrait de l'aiguille – fréquent et sans incidence.

Comme on le constate, nous sommes loin des effets secondaires souvent lourds de conséquences imputables aux traitements chimiques de nos confrères allopathes. Si, dès le départ, un minimum de dialogue avait pu s'engager entre le corps médical officiel et les représentants des médecines alternatives, tout serait infiniment plus simple, au plus grand bénéfice des patients qui auraient enfin libre accès au type de soin qui convient le mieux au genre de pathologie dont ils sont affectés. Personne n'aurait été obligé de se défendre, puis de se battre, pour se faire entendre, pour avoir le droit d'exister et d'exercer. D'autant plus que le clivage existant entre ces deux conceptions de la médecine et de la santé n'a aucun sens ; c'est comme en politique, avec l'éternelle rivalité gauche-droite. Ce ne sont ni plus ni moins que des points de vue qui s'opposent et qui, en vérité, auraient beaucoup plus à gagner à s'entendre et à s'allier, plutôt qu'à s'affronter. Nous avons besoin de la médecine officielle tout comme nous avons besoin des médecines naturelles, pour la bonne et simple raison que nous sommes tous différents les uns des autres et qu'il est normal que chacun puisse aller dans la direction qui l'attire et qui lui convient.

Qu'est-ce que l'homéopathie ?

« Homéopathie… le système de santé fondé sur la loi naturelle stipulant que toute substance ou préparation, qui est capable de faire apparaître des symptômes ou des groupes de symptômes – que ces derniers soient chimiques, physiques, émotionnels, psychiques ou moraux – chez un être humain en bonne santé dans des conditions strictement définies, peut rétablir la santé chez un individu démontrant des groupes de symptômes similaires lorsqu'ils se présentent comme une déviation du fonctionnement normal, et telle est la raison pour la prescription. »

Samuel Hahnemann

ORIGINES

C'est aux travaux de Samuel Hahnemann, médecin allemand de la fin du XVIIIe siècle, début du XIXe, que nous devons la découverte et la formulation de l'homéopathie, aujourd'hui une médecine très largement répandue à travers le monde. Au départ, Hahnemann exerce la médecine de son époque, celle qu'il a apprise sur les bancs de la faculté de médecine ; mais, très vite, déçu par les pratiques en vigueur, il cesse momentanément son activité de médecin. Suite à de nombreuses lectures commence à germer dans son esprit l'idée selon laquelle un produit qui rend malade peut aussi guérir. Il commence alors la rédaction d'un premier ouvrage, *La médecine de l'expérience*, qui sera suivi par un autre, plus complet et mieux abouti, *L'organon de la médecine rationnelle*, qui allait connaître un large succès.

Il convient, pour bien comprendre comment Hahnemann est parvenu à formuler sa thèse, de se replonger dans le contexte de l'époque, contexte favorable au *vitalisme* (courant philosophique d'après lequel un *principe vital* serait responsable d'insuffler la vie dans les organismes, indépendamment des propriétés de ces derniers) dont allaient s'inspirer les principales médecines (ostéopathie et chiropractie) naturelles ayant vu le jour à la fin du XIXe siècle. Le vitalisme est la croyance, toujours en vigueur de nos jours, qu'il existe au sein de la nature une force unificatrice, intelligente, qui, tout en maintenant la cohésion du système, veille également aux intérêts individuels ; ainsi les parties sont-elles solidaires avec le tout (la nature), et solidaires entre elles. En tout individu, en toute existence, prédomine une *force vitale*, une *intelligence innée*, un *principe de vie*, qui veille à l'homéostasie de l'organisme, c'est-à-dire qui maintient l'organisme dans un état de fonctionnement optimal tout du long de son existence, quelle qu'en soit la durée et quelles qu'en soient les caractéristiques.

Mais le fonctionnement (interne et externe) du corps est tributaire du milieu dans lequel il existe ; par conséquent, toutes sortes d'agressions et de traumatismes le perturbent et le dérèglent, raisons pour lesquelles la cohésion de l'organisme n'est pas aussi évidente en pratique qu'elle ne l'est en théorie. Aussi l'organisme a-t-il besoin d'être aidé dans sa lutte incessante pour la survie et pour le maintien de son intégrité, ce à quoi il parvient en prélevant dans son environnement les ingrédients nécessaires à son fonctionnement. Mais l'individu est peu de chose comparé au monde extérieur qui le domine et le submerge, ce qui explique la fluctuation entre l'ordre et le désordre, entre la santé et la maladie – d'où la nécessité d'une intervention visant à restaurer l'équilibre. Toutefois, l'intervention thérapeutique ne vise qu'à relancer l'économie corporelle, qu'à stimuler ce qui a besoin de l'être, ou à débloquer, à libérer ce qui entrave telle ou telle fonction ; aussi l'intention du thérapeute, de même que son geste, est-elle mesurée et précise : il ne s'agit pas de proposer un remède qui soit pire que le mal qu'il est censé combattre ! La force vitale est entravée, elle est défaillante ? Soit, aidons-la à repartir, mais pas n'importe comment, pas à n'importe quel prix. C'est dans cet état d'esprit, celui d'une intervention minimale et précise, que se trouve l'homéopathe, l'acupuncteur, le chiropraticien, et bien sûr l'homéopuncteur, dont nous décrivons la spécialité à la section suivante.

PRINCIPES DE FONCTIONNEMENT

« L'idéal de soin est la rapide, douce et permanente restauration de la santé, ou la suppression du désordre dans toute son étendue, de la manière la plus rapide, la plus sûre, et la moins néfaste, en bonne intelligence. »

Samuel Hahnemann

La *Materia Medica* comprend quelque deux mille substances dérivées des règnes végétal, minéral, animal – autrement dit, la pharmacopée homéopathique est considérable. Dans la pratique, les homéopathes utilisent un nombre sélectionné de remèdes, ceux dont les vertus curatives correspondent aux maux les plus courants, un peu comme cela se fait en acupuncture, où chaque praticien recourt le plus souvent à un nombre restreint de points dont il a pu constater l'efficacité sur ses patients. Autant l'homéopathie que l'acupuncture nécessiteraient, pour être tout à fait précises, une évaluation rigoureuse et exhaustive de chaque malade, afin de le cerner dans sa globalité ; hélas, dans le cadre habituel, il n'est guère envisageable de procéder avec autant de minutie, et c'est ce qui explique pourquoi, majoritairement, nous nous servons de protocoles (des traitements formalisés) fiables ayant fait leurs preuves sur un grand nombre de patients.

Il faut savoir que les désordres de type fonctionnel, ainsi que les maladies semi-chroniques et chroniques les plus courantes, se retrouvent chez la plupart des patients ; en d'autres mots, ce dont souffrent les gens est plutôt répétitif, il y a des grands « classiques » que l'on retrouve à différents stades de la vie, tout comme il existe des syndromes plus typiquement féminins ou masculins. Finalement, ce dont nous sommes effectivement affectés est plutôt restreint, comme les troubles digestifs (constipation, ballonnements, flatulences), les maux de dos (lombalgie, cervicalgie, douleurs intercostales), l'anxiété (nervosité, irritabilité, perte de sommeil), l'arthrose et toute la gamme des maladies dites « dégénératives », emblématiques du vieillissement. Un praticien capable de soigner avec efficacité ce type de pathologies peut répondre à la demande de la majorité de ses patients ; pour les autres, qui souffrent de conditions plus marginales, il faut réfléchir davantage. Pour ma part, j'estime préférable de me concentrer sur ce que me demande de traiter la majorité de mes patients, sans pour autant, bien entendu, négliger les autres, ceux dont les affections sont rares, et pour lesquels nous manquons de recul.

Les patients habitués à se faire soigner par homéopathie savent qu'il faut prendre les remèdes – le plus souvent sous forme de granulés – en dehors des repas et qu'il faut les garder sous la langue jusqu'à ce qu'ils aient fondu. La raison pour laquelle il est nécessaire de prendre les médicaments homéopathiques en dehors des repas et d'éviter les ingrédients figurants dans la liste ci-dessous, c'est que la dilution de la substance active est si élevée qu'elle serait totalement submergée par les autres substances présentes en grande quantité dans tout ce que nous avons pour habitude de consommer. Le mode de préparation des médicaments homéopathiques les rend vulnérables aux interactions avec toutes sortes de produits et même d'aliments, qui en atténuent ou en empêchent l'efficacité : l'alcool, le tabac, le chewing-gum, le dentifrice, le thé et le café, la menthe, en sont des exemples.

Loi de similitude

> « L'homéopathie vise à chercher parmi tous les médicaments... celui qui possède la faculté de produire la maladie artificielle la plus ressemblante à la maladie naturelle qu'on a sous les yeux. Ce médicament est dirigé contre l'ensemble des symptômes d'un malade déterminé... le médicament qui, en agissant sur des hommes bien portants, a pu produire le plus de symptômes semblables à ceux de la maladie à traiter est le seul qui convienne pour rétablir la santé. »

Samuel Hahnemann

Similia similibus curantur (« les semblables par les semblables pour la guérison », et c'est Hippocrate qui le premier a eu l'idée de la similitude et de son application thérapeutique) : fondement même de l'homéopathie, cette loi considère que toute substance capable de provoquer un symptôme ou une maladie chez une personne saine peut être employée, sous une forme diluée et dynamisée, pour soigner lesdits symptômes chez la personne malade. À titre d'exemple, l'*Ipeca* à dose pondérale provoque nausées et vomissements chez un individu en bonne santé, mais, utilisé comme remède homéopathique sur un patient qui présenterait des nausées et des vomissements, il est curatif. Le café tel que nous le consommons est un excitant ; sous sa forme homéopathique, le *Coffea cruda*, il devient un sédatif. Et ainsi de suite…

Il n'empêche que si certains symptômes sont évidents à identifier et à isoler, et que par conséquent il soit plutôt facile de prescrire le médicament homéopathique approprié, d'autres le sont beaucoup moins et demandent réflexion et jugement de la part du thérapeute avant que celui-ci ne se décide pour telle ou telle formulation. Les choses étant rarement simples dans la réalité, les malades arrivent avec toutes sortes de manifestations pénibles et/ou douloureuses, dont il faut remonter à la source, afin d'en découvrir l'épicentre. Toutes les qualités qui font un « bon » thérapeute correspondent à l'expérience acquise au fil des années.

Par chance, lorsque nous avons affaire à des patients dont la symptomatologie est confuse, il existe des substances homéopathiques, les *polychrest*, qui ont la particularité de traiter un large éventail de symptômes et de conditions ; ce sont des médicaments à grand spectre bien utiles lorsqu'il s'agit de ramener à la normale une situation désordonnée et peu claire ; et lorsque enfin le malade se sent un peu mieux, lorsqu'un certain nombre de symptômes secondaires et annexes ont disparu, il devient possible de cibler avec plus de précision les symptômes restants, qui correspondent au problème initial et réel.

Quelques recommandations.

- Éviter de prendre en même temps deux médicaments homéopathiques ayant des effets similaires ou voisins : ils ont tendance à agir en tant qu'antidotes l'un pour l'autre, en clair ils s'annulent l'un et l'autre.
- Deux remèdes ayant des effets opposés ne doivent pas être pris en même temps, car ils s'empêchent mutuellement.
- Il est préférable d'utiliser, lors de la prescription initiale, des médicaments titrés au même CH quitte, plus tard, à peaufiner le traitement avec des médicaments différents, si possible en respectant le dosage choisi au début du traitement.

- Ce que l'on appelle la *seconde prescription*, c'est-à-dire la suite donnée au traitement d'attaque, lorsqu'il y a lieu de la prescrire, peut reprendre les médicaments employés lors de la première prescription, mais avec une plus haute dilution ; si je commence mon traitement avec deux remèdes complémentaires (mais non similaires) dilués à 7 CH, lors de la seconde prescription, je les prescrirai à 12 ou 15 CH, sauf contre-indication.

Dilution, dynamisation, et Centésimale Hahnemannienne (CH)

Non moins curieux, de prime abord, est le concept selon lequel plus on dilue une solution contenant une certaine substance active, plus celle-ci gagne en potentialité – concept rigoureusement opposé à celui sur lequel repose l'allopathie, qui considère que la substance active doit se trouver en relativement grande quantité dans le médicament pour que celui-ci soit efficace. L'homéopathie trouve son pouvoir dans l'infiniment petit, tandis que l'allopathie le trouve dans l'infiniment grand.

Les préparations diluées, à base d'eau ou d'alcool, ont le pouvoir de s'opposer aux symptômes qui seraient provoqués, en temps normal, par la substance contenue dans la teinture mère, et dont il ne reste au final plus la moindre trace. Plus la dilution est importante, plus le CH augmente ; plus le CH augmente, plus le médicament est puissant ; une dilution à 30 CH est plus puissante, plus active, qu'une dilution à 15 CH.

Pour avoir un ordre d'idée de ce dont il s'agit concrètement, une dilution à 7 CH est équivalente à un quart de litre versé dans le lac Léman, soit une dilution d'un pour dix milliards – ce qui laisse rêveur si l'on pense aux hautes dilutions qui vont jusqu'à 200 CH et même au-delà !

Nous ne rentrerons pas ici dans les détails techniques concernant la préparation elle-même des dilutions.

En ce qui concerne la *dynamisation*, ou *succussion*, il s'agit de remuer, ou plus précisément de secouer, la solution après chaque nouvelle dilution, dans le but d'en accroître le pouvoir thérapeutique ; cette procédure fait partie intégrante du processus de fabrication et elle fut employée par le docteur Hahnemann lui-même lorsqu'il préparait ses médicaments.

Choisir le CH et le dosage

Ici encore, les avis divergent. Pour ma part, je m'en tiens aux enseignements de mon professeur, dont la renommée et l'expérience sont sans équivalent.

D'une manière générale, il faut être prudent avec les hautes dilutions lorsque nous avons affaire à des patients âgés, affaiblis, ou à des enfants en bas âge pour lesquels les faibles à moyennes dilutions sont davantage indiquées.

Il est d'usage également d'utiliser des hautes dilutions lorsque le degré de similitude est élevé, c'est-à-dire lorsqu'il est possible de réduire le symptôme du patient à un médicament en particulier, auquel il correspond de manière précise ; nous déduisons de ce qui vient d'être énoncé qu'il est préférable d'employer des faibles ou moyennes dilutions quand nous nous trouvons face à un malade dont la symptomatologie est complexe, ce qui est le cas le plus fréquent. Mais la contradiction règne ici comme ailleurs et il arrive que l'on renverse la règle si on l'estime nécessaire.

En cas de *maladie aiguë*, on privilégie les prises fréquentes de faibles dilutions ; par exemple, s'il s'agit d'une angine, deux à trois granulés de *Mercurius*, *Belladona*, et *Pyrogenium* en 5 CH toutes les trois heures en dehors des repas sont indiqués. Cependant, si le patient que nous avons à soigner souffre d'un mal aigu et très localisé, et que la posologie se résume à un ou deux remèdes ciblés, on peut tout à fait envisager de lui prescrire deux dosettes à 30 CH, donc de haute dilution, afin d'enrayer sur le champ la réaction. En toute logique, un problème de santé récent, s'il est pris à temps, réagit vite et bien au traitement.

Mais avec les *maladies chroniques*, qui sont légion, les choses sont bien différentes et une tout autre tactique est requise ; on travaille avec les moyennes dilutions allant de 7 à 15, voire 30 CH, selon l'âge, le type de pathologie, sa sévérité, sa durée, et bien sûr l'état général du malade. Dans le cas d'un patient souffrant depuis des années, il faut envisager un traitement sur du moyen à long terme, en rapport avec la longévité et la chronicité de la pathologie ; si l'on ne comprend pas bien cette règle évidente, qui a parfois du mal à rentrer dans l'esprit des patients, la thérapie est vouée à l'échec ; faute de réaliser qu'un problème de santé ancien et récurrent nécessite un traitement qui lui correspond, c'est-à-dire un traitement au long cours, proportionnel, dans une certaine mesure, à la durée elle-même de la pathologie, on n'en viendra pas à bout, et autant le praticien que le patient vont être déçus et frustrés par l'absence de résultats. Tant de la part du thérapeute que du patient, il est donc nécessaire d'adapter ses expectatives à la situation réelle, laquelle évoluera de manière positive à la condition de l'adresser comme il convient de le faire, c'est-à-dire en se donnant le temps.

Il faut imaginer ce que les maladies chroniques font à l'intérieur du corps : elles le modifient en profondeur, elles en altèrent l'intégrité et le fonctionnement, surtout aux endroits qui sont directement affectés par le processus pathophysiologique ; sachant cela, comment imaginer que l'on puisse, en peu de temps, même en intervenant avec force et intensité, ramener à la normalité une situation qui a mis des années à s'entériner ? C'est illogique. Le praticien expérimenté doit expliquer au patient ce qui se passe en effet à l'intérieur de son corps, afin que ce dernier comprenne qu'il lui faut suivre un traitement assez long s'il veut recouvrer la santé.

Pour les syndromes psychiques et/ou émotionnels, on utilise de moyennes à hautes dilutions, sachant que les symptômes décrits par le patient peuvent être aggravés durant la phase initiale du traitement, surtout avec les hautes dilutions.

J'anticipe quelque peu sur la section à venir, mais avec l'homéopuncture, très peu de réactions secondaires sont à déplorer ; il semble que le fait d'introduire le remède homéopathique directement dans les tissus via la pointe de l'aiguille permette d'éviter la plupart des désagréments constatés à l'occasion suite à la prescription homéopathique classique.

Qu'en est-il du dosage ? Est-il préférable de soigner intensément durant une courte période, ou au contraire faut-il prévoir un traitement assez long, mais de faible intensité ? Ma foi, c'est le patient qui va le déterminer. N'oublions pas que l'homéopathie, tout comme l'acupuncture et les autres principales médecines naturelles, est une médecine holistique ayant pour vocation de considérer la totalité de la personne, et il se peut que, lors de l'anamnèse et de l'examen physique, le praticien détecte quelque chose qui le fasse opter pour un protocole de soins qu'il n'avait pas envisagé au départ, avant de se rendre compte de ce qui se passe réellement chez cette personne. Ce qui signifie que, si nous donnons des indications générales sur le pourquoi et le comment de toutes ces procédures, il faut garder à l'esprit que nous traitons des personnes, avec leur insondable complexité, et que nous sommes par conséquent amenés à faire des choix qui, *a priori*, ne correspondent pas à ce qui se pratique d'ordinaire : pas de règle sans exceptions !

Loi de Hering et de Kent

Cette loi, qui ne se manifeste pas chez tous les patients, ne s'applique pas seulement à l'homéopathie, mais à l'ensemble des thérapies en usage. Lorsqu'elle est constatable, elle est un indicateur de l'évolution de la maladie, et par conséquent de l'efficacité du traitement proposé au patient.

La loi dit que l'évolution positive de la maladie se fait du haut vers le bas, autrement dit de la tête aux pieds, et qu'elle se fait également du dedans en dehors, autrement dit de l'intérieur de l'organisme vers la périphérie, et ce processus s'accompagne de manifestations physiques.

D'autre part, et cela en effet se constate souvent, c'est le dernier symptôme apparu chez le malade qui disparaît en premier, ce qui est prévisible compte tenu du fait que, plus un désordre devient chronique, plus il irradie et affecte de façon indirecte les tissus avoisinants, et même distants, selon des interactions anatomiques complexes, ce qui signifie que le dernier symptôme remarqué par le patient est en général celui qui a mis le plus de temps à apparaître, il est récent, il n'a pas eu le temps d'altérer les tissus en lesquels il se manifeste – et donc il cède très vite à la thérapie si celle-ci est prescrite correctement.

En bref, la loi rappelle que le développement de la maladie se fait du centre vers la périphérie, et que le traitement lui fait généralement prendre le chemin inverse, ce qui se remarque dans l'évolution symptomatique du patient. Mais il faut savoir qu'en médecine les règles et les lois sont souvent contredites par la réalité. Les patients, parfois, souffrent de syndromes dont le développement et le rétablissement suivent des voies atypiques. Par exemple, pour soulager un patient souffrant de sciatique, il est nécessaire de décomprimer et de désenflammer la racine nerveuse pincée au niveau de la colonne (par manipulation, homéopuncture ou encore par chirurgie en cas d'hernie massive) avant que le malade ressente l'amélioration dans sa jambe, ce qui signifie que dans ce cas de figure le symptôme le plus vif et le plus tardif est celui qui partira en dernier – contrairement à ce qui se produit dans d'autres situations. En revanche, en cas d'entorse de la cheville, ce sont les manifestations extérieures les plus visibles et les plus flagrantes (gonflement, chaleur, inflammation) qui vont disparaître en premier, avant que le ligament distendu et/ou déchiré ne se cicatrise.

Remèdes constitutionnels

Ce sont des remèdes correspondant à des profils particuliers, à des natures, qu'il s'agisse des femmes, des hommes, ou même des enfants. Dans quel cas les employer ? Certaines personnes se plaignent, non pas d'une douleur ou d'un trouble précis, mais, si je puis dire, de se déplaire telles qu'elles sont ; elles se trouvent trop typées, à moins que ce ne soit leur entourage qui le leur fasse remarquer. Toujours est-il que ces personnes ont une manière générale de fonctionner et de vivre qui leur occasionne toutes sortes de gênes et de malaises, que ceux-ci soient de nature physique ou émotionnelle, le plus souvent un mélange des deux. En choisissant le médicament constitutionnel approprié au profil général du patient, on l'aide à restreindre l'impact des aspects de sa personne qui lui déplaisent et/ou lui causent du tort. C'est un bon exemple de la loi de similitude où un seul médicament est proposé, et comme la similitude est élevée, une haute dilution est envisageable. En voici les principaux (liste non exhaustive).

Chez les femmes

- *Sepia* : triste et geignarde, indolente, s'en prend à ceux qu'elle aime, néglige les tâches domestiques, peu portée sur la sexualité.
- *Platinum metallicum* : fière, se sent supérieure, hypersensibilité des organes sexuels.

- *Natrum muriaticum* : sensible, introvertie, douce avec autrui, toute forme de consolation aggrave son état.
- *Ignatia amara* : cyclothymique, caractère et émotions versatiles, solitaire, ne supporte pas le tabac.
- *Pulsatilla nigricans* : indécise, peu sûre d'elle, cherche à se faire plaindre et se plaint de tout, frileuse, a toujours soif.

Chez les hommes

- *Sulphur* : allure négligée, posture voûtée, épaules enroulées vers l'avant, râle sans arrêt.
- *Nux vomica* (un polychrest) : irritable, perfectionniste, très impliqué dans son travail, tendance à boire.

Chez les hommes, les femmes, et les enfants

- *Arsenicum album* : manque de confiance en soi, anxieux, propre et méticuleux, mentalement hyperactif.
- *Aurum metallicum* : tout paraît lui réussir, mais en dedans déprimé, voire suicidaire.
- *Kalium bichromicum* : douleurs erratiques qui se manifestent de manière localisée.
- *Phosphorus* : affectueux, expressif, s'approche physiquement des gens pour établir le contact, sensible, artistique, physique grand et mince.

Remèdes d'urgence

Ce sont des médicaments homéopathiques qui sont utilisés en cas de situation urgente. On doit les prendre aussi rapidement que possible, afin d'enrayer le problème aigu, soit en une prise de cinq à dix granulés en haute dilution (30 CH), suivie d'une prise équivalente quatre à six heures plus tard, soit en prises fréquentes de deux à quatre granulés en dilution moyenne (7 ou 9 CH) chaque heure ou toutes les deux heures jusqu'à la suppression des symptômes.

Voici la liste des principaux remèdes suivis de leur(s) indication(s), toujours dans le contexte d'une réactivité immédiate :

- *Aconitum napellus* : concussion cérébrale, anxiété, choc émotionnel violent accompagné du sentiment de peur ;
- *Apis mellifica* (ou *Ledum palustre*) : piqûres d'insectes, œdème ;
- *Arnica montana* : traumatisme aigu, entorse, lésion musculo-tendineuse, courbatures ;
- *Arsenicum album* : gastro-entérite aiguë, toux, cystite aiguë ;
- *Belladonna atropa* (ou *Magnesia phosphorica*) : fièvre, céphalées, douleurs intenses, faiblesse musculaire ;
- *Camphora officinarum* : perte de conscience soudaine, convulsions ;
- *Cantharis* (*Causticum* ou *Urtica urens*) : brûlures, urticaire ;
- *Carbo vegetabilis* (ou Opium) : perte de conscience, stupeur ;
- *China officinalis* : asthénie suite à une perte importante de sang ou de plasma ;
- *Hamamelis virginica* : saignements, hémorroïdes ;
- *Hypericum perforatum* : blessures nerveuses, choc physique ;
- *Lachesis* (ou *Naja*, ou *Crotalus*) : morsures de serpent ;
- *Phosphorus* : hémorragie ;
- *Rhus toxicodendron* : blessures ligamentaires, entorses, tendinites ;
- *Ruta graveolens* : blessures du périoste et aux yeux ;
- *Symphytum officinale* : favorise la consolidation des fractures.

Homéopuncture

PRINCIPE ET FONCTIONNEMENT

Maintenant que nous en savons un peu plus sur l'acupuncture et sur l'homéopathie, nous pouvons en venir à l'homéopuncture, technique remarquable inventée et mise au point par le professeur Jayasuriya du Sri Lanka, en collaboration avec d'autres illustres professeurs chinois spécialisés en acupuncture et en homéopathie.

L'idée est simple, dans son principe, comme le sont la plupart des grandes et bonnes idées ; elle consiste à unir aussi étroitement et intimement que possible l'effet curatif de l'aiguille d'acupuncture au pouvoir thérapeutique de la dilution homéopathique, cette fois-ci en formulation liquide.

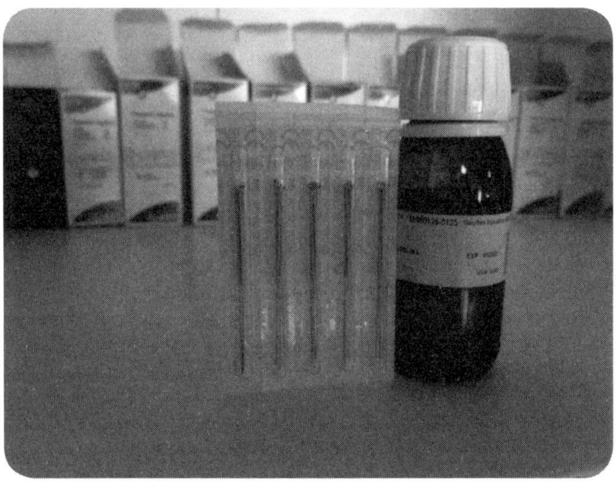

On va donc préparer une solution homéopathique à partir de la (ou des) substance(s) sélectionnée(s) à la dilution souhaitée, et cette solution va correspondre à une sélection de points d'acupuncture que l'on utilise pour traiter telle ou telle condition particulière. Ce qui veut dire qu'à la base le traitement d'homéopuncture est un traitement d'acupuncture tout ce qu'il y a de plus classique, à la différence près que nous allons tremper l'extrémité des aiguilles dans la solution préparée à cet effet. Au moment précis où il s'apprête à planter l'aiguille dans le point d'acupuncture qu'il a sélectionné, le praticien en trempe l'extrémité dans la solution qu'il a retenue, celle correspondant au syndrome du patient.

Si, en tant qu'acupuncteur, je me décide pour le protocole thérapeutique approprié pour un patient souffrant, par exemple, de lombosciatique, eh bien, en parallèle à cela, en tant qu'homéopathe, je me déciderai également pour un traitement à base de médicaments homéopathiques sélectionnés dont je connais l'efficacité dans ce type de situation, à la différence près qu'au lieu de faire suivre l'ordonnance après avoir effectué ma séance d'acupuncture, comme cela se pratique d'habitude, je vais l'adjoindre directement, et localement, à mon traitement – ce qui n'empêche pas de prescrire le même traitement homéopathique utilisé pour le planter d'aiguille, que le patient prendra par voie orale, dans le but de consolider l'effet thérapeutique initial.

L'avantage de cette technique, c'est qu'elle unit aussi intimement qu'il soit possible de l'espérer et de le réaliser deux médecines dont l'efficacité est incontestable. Et, en plus, étant réunies comme elles le sont dans l'homéopuncture, les deux thérapies, déjà performantes lorsqu'elles sont prises isolément, acquièrent un surcroît de pouvoir. À titre de métaphore, ce serait comme deux individus essayant, à tour de rôle, de dégager la roue d'un véhicule enfoncé dans la boue, chacun s'évertuant de son côté à y parvenir, alors qu'il serait tellement plus efficace, et plus simple, de dégager la roue embourbée en s'y mettant à deux !

Le principe même du rendement supérieur de l'homéopuncture par rapport à l'acupuncture seule réside dans la synergie obtenue par la fusion des deux parties qui la composent.

La même chose se produit, tout relativement, lorsqu'un patient se fait traiter simultanément en médecine manuelle et en médecine énergétique, à ceci près que les deux actes mentionnés sont exécutés séparément, parce qu'il est impossible de les réaliser exactement au même moment ; ils sont obligés de se suivre, ils ne peuvent pas s'amalgamer.

Et il y a la localisation précise du point où l'on va faire pénétrer à l'intérieur du corps, via l'embout de l'aiguille, la solution homéopathique choisie en la circonstance. En temps normal, n'importe quelle substance active, qu'elle soit homéopathique ou allopathique, ou encore constituée à base de plantes, se prend par voie orale – en d'autres mots, son action est systémique – et que par conséquent seule une fraction infime de ladite substance parvient jusqu'aux tissus qui sont visés. L'idéal, bien sûr, serait de cibler la zone à traiter sans envahir tout l'organisme par la même occasion : c'est précisément ce qu'on parvient à réaliser via l'homéopuncture, puisqu'on introduit le remède là où le corps en a le plus besoin. L'action de l'homéopuncture est par conséquent directe et immédiate.

La question de la diffusion et de la répartition du médicament à l'intérieur de l'organisme est d'une grande importance, d'autant plus lorsqu'il s'agit de remèdes puissants aux effets secondaires parfois (très) graves ; par exemple, un patient qui prend des anti-inflammatoires non stéroïdiens (AINS) parce qu'il souffre d'une douleur au genou ou d'une tendinite à l'épaule, ne fait certes pas que traiter son genou ou son épaule lorsqu'il avale les comprimés ; ces derniers se répandent partout dans son corps et affectent des tissus sains que la substance active dans le médicament peut perturber et/ou léser : mais comment faire, sinon de la manière habituelle ? Il y a bien les infiltrations ou encore la mésothérapie, mais la première, étant à base de corticoïdes, doit être employée avec beaucoup de précautions à cause des effets secondaires qu'elle provoque et la seconde, en raison de la petitesse des aiguilles qui servent à injecter le produit, ne parvient pas vraiment à atteindre les zones profondes où siègent les lésions les plus problématiques – et nous restons dans le domaine des médicaments allopathiques. Nous nous retrouvons dans une impasse. Grâce à l'homéopuncture, nous tenons enfin une méthode pour y parvenir.

Il est à souligner que très peu d'effets secondaires ou indésirables sont à déplorer en homéopuncture, ce qui n'est pas toujours le cas lorsque l'on effectue une prescription homéopathique classique à un malade ; contrairement à ce qui se dit, l'homéopathie peut provoquer des réactions déplaisantes (amplification des symptômes originaux), surtout si l'on se sert de médicaments à haute dilution. Du temps où il procédait à de vastes expériences cliniques sur les nombreux patients venant se faire soigner dans les deux hôpitaux dont il s'occupait, le docteur Jayasuriya n'a eu à déplorer aucune réaction négative, et les seules précautions à prendre sont celles relatives à l'emploi de l'acupuncture en se servant des aiguilles.

Il n'y a donc pas de règle bien précise à suivre si l'on ambitionne de se lancer dans l'homéopuncture, hormis celle consistant à bien connaître l'une et l'autre des deux médecines dont elle forme la synthèse – remarque à l'attention des thérapeutes.

Pour les patients, l'intérêt est réel, parce que les résultats obtenus sont meilleurs qu'en employant l'acupuncture seule – ce qu'attestent les praticiens en homéopuncture, à ce jour encore peu nombreux à travers le monde, reconnaissons-le. L'un de mes collègues, qui exerce à Toronto depuis l'obtention de son diplôme en 1988, utilise à parts égales la chiropractie et l'homéopuncture ; ayant lui aussi suivi sa formation d'acupuncteur auprès du professeur Jayasuriya, il a été immédiatement conquis et convaincu par le haut pouvoir thérapeutique de l'homéopuncture, qu'il utilise au quotidien dans sa clinique depuis plus de vingt-cinq ans. J'ai récemment eu une conversation assez longue avec lui, et il est formel : l'homéopuncture est une technique remarquable qui fonctionne encore mieux que l'acupuncture classique.

CONSIDÉRATIONS PRATIQUES

Tantôt, j'expliquais que la majorité des patients souffre d'un nombre assez restreint de syndromes et de désordres ; dans la pratique, nous avons à traiter des personnes qui se plaignent des mêmes maux, des mêmes troubles, que ces derniers soient de nature aiguë, semi-aiguë ou chronique. Ce qui varie, ce qui change, et ce qui fait que l'exercice de la médecine est tout autant un art qu'une science, c'est la personne elle-même et sa manière originale de manifester et de communiquer ce qu'elle vit et qu'elle ressent. Chacun de nous étant différent, nous avons beau souffrir des mêmes pathologies, personne n'en a la même expérience. Sous une apparente uniformité se cache en réalité une extraordinaire diversité.

Pour en revenir au protocole thérapeutique relatif à l'homéopuncture, le plus simple et le plus pratique consiste à se faire préparer une quinzaine ou une vingtaine de décoctions, chacune d'entre elles correspondant aux principales conditions que chaque thérapeute traite dans sa propre pratique. Un acupuncteur homéopathe qui se serait quelque peu spécialisé dans le traitement des malades souffrant de troubles psychiques, et qui souhaiterait s'initier à l'homéopuncture, a tout intérêt à concevoir et à élaborer des solutions homéopathiques correspondantes aux syndromes cliniques les plus fréquents chez ses patients. De même, un acupuncteur homéopathe dont la patientèle serait plus jeune et plus sportive nécessite des solutions adaptées au type de patients qu'il a l'habitude de soigner. Il n'est donc pas indispensable de préparer des dizaines et des dizaines de formulations diverses, alors que seul un petit nombre d'entre elles vous sera vraiment utile. Et avec la pratique et un peu de recul, on se rend compte de ce dont on a vraiment besoin.

Pour se procurer les solutions homéopathiques nécessaires à l'exercice de l'homéopuncture, il suffit de se rendre chez son pharmacien avec la liste détaillée des remèdes que l'on désire, et ce dernier se charge de les commander auprès du laboratoire avec lequel il travaille. On reçoit peu de temps après les flacons de cinquante à cent millilitres – à choisir en fonction du nombre d'actes que l'on effectue en moyenne chaque mois – et il ne reste plus qu'à les installer quelque part dans la salle de soins où ils seront aisément accessibles. Le choix des aiguilles dépend de la préférence du thérapeute, mais la plupart se servent d'aiguilles stériles et à usage unique, en cuivre ou en inox, d'une longueur moyenne de vingt-cinq millimètres, ce qui est suffisant dans la majorité des cas.

Pour ma part, je travaille en me servant d'une quinzaine de solutions contenant deux à quatre substances différentes diluées à 7 ou 9 CH, autrement dit des dilutions consensuelles et généralistes ; j'en ai pour traiter l'arthrose et ses conséquences, les pathologies musculo-tendineuses, les troubles intestinaux, l'anxiété, la dépression, les névralgies (je soigne beaucoup de sciatiques et de névralgies cervico-brachiales), et d'autres conditions. Outre les préparations servant à traiter toutes sortes de conditions déclarées et avérées, j'en ai également réalisé quelques-unes destinées à renforcer les défenses immunitaires et à stimuler l'homéostasie, parce que je pars du principe que parfois – souvent, même –, ce dont a vraiment grand besoin le patient, c'est de recouvrer une *meilleure réactivité organique totale* – en d'autres mots, qu'il redevienne capable de se protéger et de se défendre par lui-même. On connaît les fameux adages « il n'y a pas de maladies, il n'y a que des malades », ou encore « que le terrain est tout », et ma foi ces déclarations sont globalement exactes. Rien ne nous empêche, bien au contraire, d'orienter notre activité vers la prophylaxie en aidant les patients à mener une existence plus saine et plus naturelle, une existence en accord avec ce qu'ils sont et en accord avec les prérogatives internes qui les constituent ; ce qui équivaut à un traitement synthétique associé à des recommandations relatives à l'hygiène de vie.

Parfois, nous avons affaire à des personnes souffrant de conditions inhabituelles, pour lesquelles les décoctions que nous employons d'ordinaire ne sont pas adaptées. Quand un patient avec un problème de santé atypique arrive, je lui recommande de se faire préparer sa propre décoction, celle que je lui prescris et qui lui convient pour le traiter par homéopuncture. À chaque fois, il s'agit de faire coïncider le plus étroitement possible les points d'acupuncture et les remèdes homéopathiques sélectionnés, quitte, pour y satisfaire, à ce que le patient ait sa propre préparation. Récemment, j'ai traité par homéopuncture une jeune femme de trente-sept ans qui n'arrivait pas à tomber enceinte, au grand désespoir d'elle-même et de son mari ; cela faisait plus de cinq ans qu'ils essayaient d'avoir un bébé, mais rien n'y faisait. Après leur avoir expliqué les modalités du traitement, j'ai demandé à la jeune femme de faire préparer en pharmacie une solution correspondante à son problème et de revenir me voir une fois qu'elle l'aurait obtenue, ce qu'elle a fait ; eh bien, vous me croirez si vous voulez, mais après quatre séances (les points traités sont : VC 4, 6 et 14, VG 20, R 3, F 3, E 30 bilatéralement, et enfin C 7) et un regain de forme et de vitalité très net de sa part, elle est effectivement tombée enceinte moins de deux mois après ! Et au jour où j'écris ces lignes elle n'a toujours pas accouché mais sa grossesse se déroule bien.

Un second point que je souhaite préciser, c'est qu'il est tout à fait envisageable d'employer différentes préparations homéopathiques sur un même patient, et ce, durant la même séance. Admettons que je me retrouve face à une personne souffrant de l'épaule et en même temps d'insomnies, deux conditions qui nécessitent deux traitements différents ; eh bien, rien ne m'empêche de traiter les points locaux autour de l'épaule avec la préparation homéopathique correspondante, tout en traitant les points relatifs à l'insomnie en me servant d'une autre préparation homéopathique, elle aussi adaptée à ce problème en particulier. Cette liberté de choix et de sélection nous offre, en tant que thérapeutes, la possibilité de personnaliser chacun de nos traitements en fonction des situations particulières qui se présentent à nous.

On peut se demander s'il ne serait pas concevable – après tout, pourquoi pas ? – d'employer des oligoéléments ou bien des huiles essentielles à la place des dilutions homéopathiques. Rien, à première vue, ne semble l'interdire, hormis le fait que personne, jusqu'à ce jour, ne s'y est risqué. Concernant l'homéopuncture, il a fallu toute l'expérience et le savoir-faire du professeur Jayasuriya pour imaginer une telle alliance et pour oser l'expérimenter sur ses propres patients, dans les années soixante-dix à quatre-vingt. Depuis, la méthode gagne un peu de terrain, mais elle reste très largement méconnue – d'où ce livre. Il paraît donc raisonnable de poursuivre dans la direction ouverte par le professeur Jayasuriya avant de se lancer dans de nouvelles expérimentations, qui sont autant de perspectives stimulantes et enthousiasmantes pour l'avenir. Ma recommandation est que les aspirants homéopuncteurs s'en tiennent à l'utilisation et au développement de la méthode telle qu'elle a été conceptualisée et formulée par son inventeur et que l'on attende quelque temps avant de se lancer dans de nouveaux développements, ne serait-ce que pour éviter toute espèce de précipitation.

Avant de clore cette introduction à l'homéopuncture, je voudrais signaler une action complémentaire qu'il est possible de réaliser sur des patients souffrant de conditions chroniques et qui se pratique en Orient en appoint à l'homéopuncture. Nous avons trouvé le bon remède pour traiter le patient et nous le soignons à la fois par voie orale et par introduction locale de la solution directement dans les points d'acupuncture, ainsi que nous venons de l'expliquer. Mais, sur certains malades chroniques, il est parfois utile de frictionner une ou plusieurs parties indemnes du corps (affectées par aucun processus morbide ou douloureux) et dont la peau est propre et saine – par exemple le bras ou la cuisse. On choisit une petite partie du membre et on y applique un peu de la solution en la frottant avec délicatesse pendant un bref instant. C'est une façon alternative et complémentaire d'introduire directement dans l'organisme le médicament qui est employé pour les autres opérations, à savoir la prise orale et l'homéopuncture. Afin de déterminer si ce type de procédure peut s'avérer utile et efficace pour telle ou telle personne, il est recommandé de commencer par frictionner une petite zone neutre, c'est important, et de voir comment elle réagit ; si l'opération semble apporter un plus dans la thérapie, alors on peut même envisager de montrer au patient comment s'y prendre pour qu'il s'applique à lui-même un peu de lotion et qu'il la fasse pénétrer dans son corps, de la même manière qu'il prend ses comprimés homéopathiques le matin et le soir en dehors des repas.

On gardera présente à l'esprit cette éventualité, surtout si le patient a du mal à réagir au traitement qu'on lui administre. Et il est tout à fait envisageable d'alterner entre la prise classique de remèdes homéopathiques (par la bouche) et la technique qui consiste à appliquer la lotion sur la partie du corps sélectionnée, et qu'il est d'ailleurs recommandé de faire varier : si, par exemple, nous appliquons tel jour de la semaine un peu de la solution sur l'avant-bras droit, il sera judicieux de l'appliquer sur l'avant-bras gauche la fois suivante, à la condition, rappelons-le, que le membre et la peau soient parfaitement sains et indolores.

Venons-en à présent au déroulement pratique des opérations…

Protocoles de soins

COMMENT SE DÉROULE UNE SÉANCE ?

Il est à noter que les commentaires relatifs au déroulement d'une séance d'acupuncture sont applicables à la séance d'homéopuncture – à la petite différence près qui en fait sa spécificité.

Nous venons de voir que l'acupuncture agit sur de nombreux plans et qu'il existe diverses façons de l'employer : soit en recourant à la méthode traditionnelle – ce qui n'est pas courant, car peu pratique, à moins de maîtriser le diagnostic à partir des pouls situés au niveau des poignets, ce dont peu de praticiens sont capables –, soit en se fiant à un protocole élaboré à partir de dizaines de milliers de cas par d'éminents spécialistes, une sélection de points à traiter dont les effets en présence d'une maladie définie sont fiables et prévisibles dans une grande majorité des cas.

La plupart du temps, l'acupuncteur va sélectionner les points à traiter en fonction de leur effectivité, qu'elle soit locale ou distante ; en effet, certains points d'acupuncture agissent à distance, tandis que d'autres agissent localement, l'idéal consistant à les combiner en fonction du but recherché.

Au fil des années, chaque praticien acquiert une expérience grâce à laquelle il parvient à optimiser les protocoles thérapeutiques qu'il utilise – en somme, il s'améliore. Et comme il existe autant de façons d'interpréter les lois qui gouvernent la circulation de l'énergie dans l'organisme qu'il existe d'acupuncteurs, rien d'étonnant à ce que, d'un thérapeute à l'autre, le traitement puisse être si radicalement différent et néanmoins toujours relativement efficace.

Quelques précisions concernant le déroulement de la séance elle-même.

- **Le planter d'aiguille est-il douloureux ?** Non, bien que cela dépende des endroits du corps qui sont traités et de la technique (d'insertion des aiguilles) employée par l'acupuncteur. En ce qui me concerne, je plante l'aiguille d'un geste bref et rapide, parce que j'ai remarqué que c'était confortable pour les malades, tandis que la technique consistant à enfoncer l'aiguille est plutôt douloureuse – d'ailleurs, pour les personnes récalcitrantes à l'idée de se faire planter des aiguilles sur le corps, il existe d'autres solutions, mais alors nous ne pourrons pas recourir à l'homéopuncture ; le mieux est d'en parler avec son acupuncteur. Quant à l'extraction des aiguilles, le geste est totalement indolore.

- **Le dequi** : le traitement de certaines pathologies nécessite que l'on stimule les aiguilles une fois qu'elles sont installées, ce qui a tendance à drainer l'énergie vers le méridien dont dépend le point. Parfois, lors de la stimulation active d'un point d'acupuncture, le patient ressent une curieuse sensation nommée *dequi* en chinois, une sorte d'engourdissement, de gêne, qui peut se répandre le long du méridien dont fait partie le point traité. C'est un signe encourageant.
- **Durée** : la durée moyenne d'une séance varie entre quinze et trente minutes, un intervalle de temps qui tient compte de l'âge du patient, du mal dont il souffre, de son état général, de sa tolérance, et bien entendu de la quantité et de la qualité de l'énergie circulant à l'intérieur des méridiens.
- **Fréquence** : le nombre de séances nécessaire pour parvenir au résultat escompté dépend là aussi de différents paramètres, tels que l'âge et la réceptivité du malade, le type de pathologie et sa chronicité, la disposition du patient à se conformer au protocole, la pertinence des points sélectionnés, l'adéquation entre les points d'acupuncture choisis et les remèdes qui figurent dans la solution homéopathique, la présence d'autres facteurs aggravants, etc.

CAS CLINIQUES

Tout comme vous, cher lecteur, chaque docteur est unique : unique dans son savoir, dans son analyse, dans sa compréhension de la santé et de sa contrepartie la maladie ; unique également dans son expérience et dans le type de relation qu'il établit avec ses malades. Nous abordons là l'un des aspects les plus importants, indépendamment de la thérapie à laquelle nous recourrons. Chaque docteur est un vecteur de guérison aux yeux des malades qui viennent le consulter ; ces derniers placent de grands espoirs en lui/elle et c'est notre devoir de ne pas les décevoir. Plus que la technique ou la méthode que nous employons, c'est nous-mêmes, en tant que docteurs investis d'une mission, qui allons faire la différence. Les aiguilles de l'acupuncteur, la correction vertébrale du chiropraticien, les remèdes de l'homéopathe, servent de moyens d'intervention ; ce sont des techniques, des systèmes thérapeutiques validés par le temps et plébiscités par les patients du monde entier.

Une méthode efficace prodiguée par un docteur humain et faisant preuve de compassion, tel est le secret pour atteindre la guérison.

Bien entendu, un docteur dévoué à ses patients a besoin d'une méthode fiable et éprouvée pour les soigner ; sinon, il ne devra compter que sur les 30 à 35 % de résultats dus à l'effet placebo.

Au début de cet ouvrage, il a été fait allusion au type de vie que nous menons et que nous devons en grande partie à la société à laquelle nous appartenons. Ce que nous vivons au quotidien affecte notre santé dans des proportions variables, cela dépendant entre autres du type d'activité que l'on exerce et du contexte personnel où l'on évolue le reste du temps. Dans chaque cas de figure, nous vivons sous la domination du stress, en sa forme nocive et pathogène sur le long terme. Le stress en lui-même n'est pas dangereux ; il s'agit ni plus ni moins d'une adaptation de l'organisme à son environnement. Un simple « coup de stress » va nous aider à franchir une épreuve ou un conflit : rien de méchant, rien de durable. En fait, le stress qui abîme est celui que l'on affronte pendant des années, un contexte lourd à supporter dont la charge s'amplifie au fil du temps ; ce sont toutes ces petites choses, ces désagréments mineurs que l'on subit chaque jour que Dieu fait, et qui à la longue finissent par nous miner, nous épuiser. Qu'on le veuille ou non, cela nous concerne tous à un certain degré. Comment les effets cumulatifs de ce stress vont-ils se manifester à la longue ? Comment l'organisme va-t-il s'y prendre pour nous faire comprendre qu'il est épuisé, qu'il n'a plus les ressources nécessaires pour faire face ? À ce propos, le corps ne manque pas d'imagination ni de ressources. On peut « craquer » de mille et une façons, chaque individu se fabriquant son propre cocktail (explosif), sa propre recette : dépression, fatigue chronique, pathologies viscérales diverses (ulcère, colite, asthme), lésions physiques (douleurs lombaires/cervicales tenaces, fibromyalgie, migraines), manifestations dermatologiques (psoriasis, eczéma, perte de cheveux) et bien d'autres encore. Dans les cas les plus graves, les personnes subissant une dose de stress élevée depuis (trop) longtemps, l'organisme peut flancher plus radicalement, voire définitivement : cancer, arrêt cardiaque, accident vasculaire cérébral ou décès brutal.

Toutes ces explications peu réjouissantes nous amènent inévitablement à une évaluation globale des personnes que nous traitons, afin de connaître dans les grandes lignes quelles sont leurs conditions de vie et comment elles s'y adaptent ; ainsi, outre le traitement d'homéopuncture correspondant que nous allons leur donner, il faudra probablement procéder à quelques réajustements concernant l'hygiène de vie, en espérant obtenir la coopération de la part du patient.

Nous connaissons l'origine du mal, alors comment faire pour nous en préserver ? Nous avons vu un peu plus tôt que l'organisme était agressé soit de l'intérieur (facteurs *endogènes*), soit de l'extérieur (facteurs *exogènes*). Ce qui se passe à l'intérieur de nous-mêmes, nous en avons le contrôle relatif grâce à l'hygiène de vie – ensemble de règles à respecter autant que faire se peut, afin d'optimiser le fonctionnement global des tissus, organes et systèmes, dont nous sommes constitués. Ce que nous préconisons de ce point de vue n'est pas nouveau ; déjà, les acupuncteurs chinois de l'Antiquité en connaissaient les vertus et en vantaient les mérites auprès de leurs malades : prévenir plutôt que guérir, toujours le même adage.

Venons-en maintenant à des cas pratiques traités par homéopuncture (et parfois aussi par chiropractie, puisque je suis également chiropraticien) tirés de ma propre expérience…

Cas clinique 1

En 2014, j'avais soigné un monsieur de quarante-six ans, dont les conditions de travail le stressaient considérablement, au point qu'il fonctionnait sous l'emprise de neuroleptiques depuis plus d'un an – sans que cela ne change ni ne règle le problème de fond. Souhaitant décrocher des médicaments, il cherchait une méthode apte à prendre le relais. Un autre de mes patients lui avait suggéré de venir me consulter. Après l'avoir écouté et examiné, j'optai pour un protocole de soins éprouvé ayant aidé pas mal de patients dans des cas de figure similaires. Je lui expliquai au préalable comment se dérouleraient les séances et l'informai entre autres qu'il lui fallait être assidu si nous voulions parvenir à un bon résultat. Il accepta. Nous nous vîmes une fois par semaine pendant un mois, puis une fois tous les quinze jours pendant trois mois ; au bout d'un mois, il avait réduit de moitié sa consommation d'antidépresseurs sans pour autant se sentir plus mal – au contraire. Au terme du second mois de thérapie, il abandonnait son traitement chimique, sans se sentir trop fragile. Comme il s'agissait d'un homme sédentaire, je l'invitais à se défouler physiquement deux à trois fois par semaine, l'exercice physique étant un excellent moyen d'évacuer la tension ; il se mit à nager et à marcher, ce qui, selon ses propres dires, « lui fit un bien fou ». Ce qui était étonnant, chez ce patient, c'était la transformation qui s'opérait en lui, comme si le fait d'avoir surmonté sa dépendance aux médicaments et d'avoir repris le contrôle de lui-même lui avait redonné confiance. Il abordait sa vie avec plus de recul, ce qu'il n'était jamais parvenu à faire jusqu'à ce jour.

Concernant le choix des points d'acupuncture : Vaisseau Gouverneur 20, Cœur 7, Péricarde 6, Vessie 62, Gros Intestin 11 (excellent point pour l'homéostasie), ainsi que deux points « extraordinaires », nommés Anmian 1 et Anmian 2, bien utiles en cas d'insomnie.

Concernant la solution homéopathique que j'ai utilisée, *Natrum muriaticum*, *Nux vomica*, *Passiflora*, les trois en 7 CH.

Durée de la séance : environ vingt minutes.

Traitement complémentaire : trois séances de craniothérapie.

Dans la réalité, nous autres cliniciens sommes confrontés à des patients souffrant de toutes sortes de syndromes où se mélangent et se confondent symptômes physiques et manifestations psychiques. À chaque fois, on s'interroge sur le degré d'implication du mental et des émotions, une interprétation reposant sur l'expérience, le questionnement adéquat du patient et les manifestations physiques. En tant qu'acupuncteur, j'ai la chance de pouvoir compter sur les effets anxiolytiques et antidépresseurs d'un certain nombre de points bien précis qui, traités à intervalles réguliers, apaisent la détresse morale des malades.

En principe, on peut se servir de l'homéopuncture pour traiter et soigner un nombre considérable de pathologies et de troubles fonctionnels – ce sont les petits soucis de santé que chacun de nous éprouve tout du long de sa vie et qui ne sont pas par eux-mêmes dangereux, mais, à la longue, qui peuvent le devenir ; ils nous fatiguent et indiquent tout de même que tout n'est pas en ordre à l'intérieur de notre corps. Si l'acupuncture n'est pas davantage employée pour soigner, tout au moins de façon complémentaire, les maladies qui sont le domaine réservé de la médecine allopathique – je pense entre autres aux pathologies cardiovasculaires, aux pathologies d'origine endocriniennes et aux troubles respiratoires tels l'asthme, les allergies, les infections ORL –, c'est parce que nous n'y sommes pas préparés, cela ne faisant pas partie des options qui nous viennent à l'esprit au moment de se faire soigner. Notre premier réflexe, comme d'habitude et ainsi que nous y avons été conditionnés dès notre plus tendre enfance, consiste à consulter notre médecin généraliste qui, comme on s'y attend, va nous prescrire un traitement – souvent à vie – à base de médicaments dont notre organisme développera rapidement une accoutumance. En disant cela, je ne suggère pas que les traitements donnés aux malades par l'ensemble du corps médical soient systématiquement inappropriés ou inadaptés ; dans certains cas, nous n'avons pas le choix, il faut agir vite et de manière radicale. Mais, grâce à une prise en charge plus exhaustive, plus compréhensive du malade, nous pourrions réduire de manière significative les doses de médicaments employés pour traiter ces afflictions. Prendre des médicaments chimiques pendant des années annihile les chances de l'organisme de se rétablir en puisant dans ses propres ressources, en recourant à ses systèmes d'autorégulation, bref, en assumant lui-même l'homéostasie vers laquelle il tend naturellement. Croulant sous les effets des molécules de synthèse circulant dans le sang – et par conséquent disséminées un peu partout à travers les tissus et les cellules – l'organisme perd ses repères et sa faculté de déclencher les procédures internes aptes à rétablir l'équilibre. Plus le temps passe et plus l'on devient dépendant des produits auxquels on croit devoir s'accrocher, sous peine de retomber malade ou d'aggraver le problème initial.

À ce sujet, laissez-moi vous raconter l'anecdote suivante.

Cas clinique 2

Marc M. vient me consulter sur les recommandations de l'un de ses amis que j'avais aidé l'année précédente, alors qu'il traversait une période douloureuse de sa vie. Marc, depuis plus de quatre mois, souffre de fatigue chronique, d'un manque d'énergie et d'une prise de poids qu'il ne s'explique pas, car il affirme « ne pas manger plus que d'ordinaire ». Marc est un homme de quarante-cinq ans, assez stressé selon son évaluation personnelle. Il vient de consacrer les vingt dernières années de sa vie à son travail – il est représentant de commerce pour une grosse entreprise du bâtiment. Il déplore, avec le recul, d'avoir quelque peu négligé sa vie de famille au bénéfice de son emploi, mais il tenait à bien gagner sa vie pour que « sa femme et ses deux filles ne manquent de rien ». Au moment où nous nous rencontrons, Marc est en arrêt de travail depuis quinze jours, son médecin ayant estimé qu'il était trop faible pour reprendre du service. Ses analyses indiquent une tendance à l'hypothyroïdie, ce qui colle assez bien avec l'ensemble des manifestations qu'il décrit ; il a également trop de cholestérol et de lipides dans le sang ; il faut dire qu'il se nourrit à la va-vite et n'importe comment lorsqu'il est en déplacement, et qu'il ne pratique aucun sport de façon régulière, hormis un peu de marche en famille le dimanche matin. Bref, voilà l'exemple type d'un homme en mauvaise santé. Son médecin lui a prescrit du Lévothyrox (hormone thyroïdienne de synthèse) et du Tahor (pour faire baisser le taux de cholestérol dans le sang, et dont voici quelques-uns des effets secondaires répertoriés comme *fréquents* : insomnie, vertiges, nausées, prurit, douleurs musculaires et articulaires, etc.).

En me référant au système d'analyse et de compréhension de la maladie tel qu'il est stipulé dans la médecine chinoise, Marc vient de vivre de longues années dans un excès de yang ayant contraint son organisme à fonctionner en surrégime. À la longue, il a généré en lui-même un important déséquilibre énergétique ayant provoqué un basculement soudain et radical dû à l'épuisement des tissus et organes assurant ce rythme élevé – notamment la thyroïde et les glandes surrénales. Ce qui lui arrive est donc un phénomène de décompensation un peu extrême destiné à rétablir l'équilibre à l'intérieur de lui-même. Si on avait procédé à des analyses biochimiques de Marc deux ou trois ans auparavant, nous aurions trouvé un excès d'hormone thyroïdienne, ainsi qu'une abondance de *catécholamines* (adrénaline et dopamine) et de *cortisol*, deux hormones sécrétées par les glandes surrénales et liées aux effets du stress chronique. En résumé, ce qui se passe dans le corps de Marc est normal, physiologique, compte tenu de son vécu ; ce qu'il convient de faire, dans son cas, c'est de l'aider à traverser cette période de « remise à niveau » provoquant des symptômes en tous points opposés à ceux qu'il démontrait peu de temps auparavant. D'ici six mois à un an, il aura récupéré et son métabolisme sera revenu à la normale. Il n'est donc pas nécessaire qu'il prenne du Lévothyrox (mais plutôt de l'*iode* en oligoéléments pour aider la thyroïde à repartir) qui ne fera que retarder la remise en route naturelle de la glande. Quant au cholestérol, des réajustements dans sa façon de vivre et de prendre soin de sa santé devraient suffire pour en faire baisser le taux.

Nous commençons le traitement, deux séances la première semaine, puis une séance par semaine jusqu'aux premiers signes d'amélioration ; je choisis des points locaux tel Gros Intestin 18 et surtout des points d'influence tels Vésicule Biliaire 21, Vaisseau Gouverneur 20, Gros Intestin 11, Triple Réchauffeur 20.

La solution que je choisis pour accompagner mon traitement contient du *Nux vomica* (un remède que je trouve efficace dans de nombreux cas), du *Phosphoricum acidum* et de la *Chamomilla*, en dilution 9 CH.

Durée de la séance : vingt à vingt-cinq minutes.

Et nous prenons ensemble des mesures destinées à améliorer son état de santé, des mesures qu'il s'engage à tenir : modifications (réalistes) de ses habitudes alimentaires et deux séances de marche rapide ou de natation par semaine. Marc, convaincu par mes explications et la rigueur du programme que je lui propose, accepte de laisser de côté le traitement médicamenteux prescrit par son médecin. Un mois plus tard, délesté de deux kilos, il va déjà mieux. Trois mois plus tard, la prise de sang ne révèle aucune anomalie, tout est rentré dans l'ordre. Mais le plus important, c'est que Marc a compris pourquoi il était tombé malade et ce qu'il doit faire dorénavant, afin que cela ne se reproduise pas.

On a souvent tort de croire qu'un dérèglement de santé soit à coup sûr pathologique, c'est-à-dire provoqué par un organe malade ou défectueux. Marc, pour en revenir à lui, s'était imposé un rythme de vie intense, sous pression constante, et son métabolisme s'était adapté à sa façon de vivre – et non l'inverse. Ce ne sont ni la thyroïde ni les glandes surrénales qui ont obligé Marc à foncer comme il le faisait ; non, bien sûr que non ; ces organes – et ce ne sont pas les seuls – se sont mis au diapason de ce qu'on leur imposait. Et à la longue ce sont bien les excès d'anxiété et de fatigue de Marc qui ont provoqué le *break-down*, ou *burn-out* organique, à cause duquel il a été obligé de ralentir et de se mettre au repos forcé : ce n'est pas du tout pareil ; cela revient à prendre l'effet pour la cause. Et des syndromes réactifs de ce genre, il en existe beaucoup.

Cas clinique 3

En 2015, j'ai soigné une dame âgée de soixante-deux ans, dont le mari est décédé huit mois plus tôt. Elle avait du mal à s'en remettre, se sentait seule et triste. Depuis que son mari avait disparu, elle s'inquiétait pour un rien, le moindre imprévu lui provoquant de l'anxiété. Ses deux enfants habitant loin d'ici, elle ne les voyait donc pas souvent. Elle souffrait de palpitations, d'une sensation de lourdeur à la base du sternum et de sécrétions de glaires, surtout la nuit, lorsqu'elle s'allongeait pour dormir – son sommeil s'en trouvant par conséquent perturbé. En examinant sa langue, je m'aperçois qu'elle est recouverte d'une pellicule blanchâtre. L'ensemble des symptômes qu'elle présente m'oriente vers un excès dans le méridien cœur, lequel, comme on l'a vu précédemment, est relié au cerveau et à la langue.

Une stimulation des points Vessie 14 et 15, localisés sur la colonne dorsale et correspondant au péricarde et au cœur, contribue à normaliser le niveau d'énergie. Je vais me servir des points Vaisseau Conception 4 et 17, Estomac 36 et 40, Vessie 22, Vésicule Biliaire 34, ce qui renforce le yang, élimine les fluides malsains de son corps et atténue la sensation désagréable au niveau du sternum.

Comme solution homéopathique, je me décide pour un mélange à base d'*Arsenicum album*, de *China officinalis* et de *Nux vomica*, en 7 CH.

Durée moyenne des séances : vingt à vingt-cinq minutes.

Nous commençons aussitôt le traitement. Dès la première séance, elle se sent soulagée. Je fixe la fréquence des visites à une par semaine, jusqu'à l'amélioration nette de ses symptômes. En fait, cinq séances suffiront pour qu'elle recouvre la santé. Il lui reste un peu d'angoisse, du chagrin, mais ce sont des réactions normales consécutives au deuil de son mari, et qui s'estomperont au fil des mois. Je continue à ce jour à m'occuper de cette dame, à raison d'une visite par trimestre ; elle a repris des forces et de l'énergie ; sur mes recommandations, elle s'est inscrite dans un groupe de marche – une activité qui lui plaît beaucoup et à laquelle elle ne renoncerait pour rien au monde, d'autant plus qu'au sein de ce groupe elle a rencontré de nouveaux amis.

Ce qui me plaît et m'intéresse, en médecine, c'est d'accompagner mes patients sur le long terme ; c'est de pérenniser une prise en charge et des soins donnant de bons résultats. Grâce à ce suivi – deux à quatre séances par an en moyenne –, nous parvenons à maintenir l'organisme en bon équilibre, même si de temps en temps les circonstances de la vie provoquent des remous. Les patients apprécient le fait que l'on s'occupe d'eux sur la durée ; ils se sentent épaulés et, en cas de coup dur, ils savent qu'ils peuvent compter sur le docteur qui s'est engagé à les suivre. Je crois que tout un chacun devrait bénéficier d'un accompagnement similaire. Personnage essentiel et neutre, le docteur est celui/celle sur lequel on peut dépendre pour se soigner, se confier, ou encore demander conseil. L'avantage pour un patient de consulter le docteur de son choix de façon régulière, c'est que celui-ci finit par bien le connaître ; il a identifié ses faiblesses et répertorié ses petits défauts.

Cas clinique 4

Pour illustrer mon propos, voici l'histoire de Sylvie L., une dame que j'avais soignée il y a de cela deux ans. Sylvie, âgée de trente-huit ans, était en plein divorce au moment de venir me consulter ; entre son mari et elle, c'était la guerre déclarée. Cela faisait six mois qu'elle souffrait presque sans discontinuer de maux de tête et de ventre, qu'elle soignait à grand renfort de Doliprane et d'aspirine, voire d'anti-inflammatoires, lorsque la douleur devenait insupportable. Quant à son moral, il était au plus bas. Sylvie n'allait plus chez son médecin de famille parce qu'il n'avait pas le temps de parler avec elle ; il se contentait à chaque fois de lui prescrire des médicaments de plus en plus forts – les derniers en date étant des antidépresseurs, dont elle ne voulait pas. Souvent, les gens qui traversent une période confuse et douloureuse dans leur vie parviennent à prendre un peu de distance avec les événements qui les concernent s'ils verbalisent leur détresse : c'était son cas. Dès la première séance, Sylvie fondit en larmes, un débordement émotionnel. J'optai pour une prise en charge orientée « moral et affectif », des séances d'une demi-heure où, pendant que les aiguilles agissaient, je pratiquais du crânien (une technique de mobilisation douce effectuée au niveau des os du crâne) ; nous parlions d'elle, de son mari, des raisons qui les avaient poussés à se séparer, de ses deux enfants, de son vécu. À la troisième séance, elle se sentait mieux. La fréquence des maux de tête et des douleurs au ventre avait baissé de moitié, sans que je la traite de façon spécifique pour cela. Sur les sept ou huit séances que nous avons effectuées ensemble, je n'ai pour ainsi dire pas adressé directement les symptômes qui la faisaient le plus souffrir – à savoir les maux de tête et de ventre. Je ne l'ai pas fait puisque j'étais convaincu qu'ils ne représentaient en réalité que des manifestations psychosomatiques, autrement dit le biais physique par lequel s'exorcisaient son mal-être et sa souffrance intérieure.

Elle dormait davantage et se sentait moins stressée chaque fois qu'elle se confrontait à son mari. Quatre mois plus tard, Sylvie et son mari étaient divorcés. Elle n'avait pour ainsi dire plus besoin de moi, puisque tout rentrait peu à peu dans l'ordre. Sylvie, durant l'épreuve de son divorce, avait surtout besoin d'être écoutée et entendue, de se sentir accompagnée, épaulée par quelqu'un de neutre ; elle n'était pas malade, au sens littéral du terme, tout juste perturbée par une situation qui affecterait n'importe lequel d'entre nous.

Les points d'acupuncture sélectionnés : Vaisseau Gouverneur 20, Cœur 7, Vessie 62 et, pour redonner de l'énergie, Estomac 36, Rate 6.

En homéopathie, *Arnica montana*, *Ignatia amara*, *Phosphoricum acidum*, en 9 CH.

Durée habituelle de la séance : entre vingt et vingt-cinq minutes.

En raison de ma formation initiale (doctorat en chiropractie), j'ai tendance à drainer de nombreux patients souffrant de pathologies musculo-squelettiques : arthrose, arthrite, blocages intervertébraux, tendinites, rhumatismes articulaires divers. En acupuncture, cette catégorie de problèmes se nomme *Syndromes Bi*.

Ce qui les provoque est un envahissement des méridiens par un excès de Vent, de Froid et d'Humidité. Lorsque nous sommes trempés, ou bien si nous prenons froid après une bonne suée, ou encore si nous pataugeons dans de l'eau glacée pendant trop longtemps, nos défenses naturelles cèdent et le mal s'installe. Il existe différents types de syndromes Bi, selon la nature et la durée de l'agression initiale.

Cas clinique 5

Je vais vous raconter ce qui est arrivé à François, l'un de mes patients, féru de pêche, auquel une violente crise de sciatique est survenue suite à une longue et froide partie de pêche début mars, à l'ouverture. Je connais François depuis plus de sept ans, date à laquelle je l'avais soigné pour un blocage aigu des articulations sacro-iliaques – les deux articulations massives formant la jonction entre les os du bassin et le sacrum, l'os triangulaire sur lequel repose le rachis. Depuis ce jour, François, aujourd'hui âgé de cinquante et un ans, vient pour une séance d'entretien deux fois dans l'année, une au printemps et l'autre à l'automne. Jusqu'à cet incident de parcours, il ne s'était plus bloqué. Il arrive au cabinet en boitant, courbé en direction du côté droit. Il m'explique qu'il a commencé à prendre froid à partir du moment où de l'eau s'est infiltrée à l'intérieur de ses bottes ; pris dans le feu de l'action, il a continué à pêcher comme si de rien n'était. En revenant à la voiture, il s'assied sur le rebord du coffre et, en se penchant pour tirer sur la botte, il ressent une violente douleur dans le bas du dos, côté droit, et aussitôt une décharge fulgurante le long de la cuisse. Verdict : crise de lombosciatique. François se plaint d'une forte douleur et de fourmillements irradiant jusqu'au mollet ; sa jambe droite ne se lève que de trente-cinq/quarante degrés, signe que le nerf sciatique est enflammé. Il est prématuré, dans l'état où se trouve François, d'envisager un déblocage physique de la région lombaire. Je décide de le traiter par homéopuncture, afin de détendre les spasmes et de réduire l'inflammation du nerf sciatique.

Je sélectionne des points locaux – Vaisseau Gouverneur 3 et 4, Vessie 25, 27, 32 – et les points d'acupuncture localisés sur le trajet du sciatique : Vessie 36, 37, 40, 57, 60 ; et pour calmer la douleur, le point Estomac 44, puissant analgésique.

Solution homéopathique : *Magnesia phosphorica*, *Gnapahalium*, *Rhus toxicodendron*, en 9 CH – traitement qu'il va poursuivre à la maison sous forme de granulés.

Au bout d'un bon quart d'heure, la douleur s'est un peu calmée. Après avoir retiré les aiguilles, je lui donne rendez-vous dans quarante-huit heures. En arrivant au cabinet pour la seconde séance, François se tient un peu plus droit et il ne boite presque plus. Il souffre encore beaucoup de sa jambe, mais moins du dos – ce qui est souvent le cas lors d'une crise de sciatique. Nous recommençons le même protocole que la première fois ; ensuite, une fois qu'il est détendu et soulagé par la séance d'homéopuncture, je le débloque au niveau de la charnière lombosacrée. Je lui donne un nouveau rendez-vous dans quatre jours, le temps qu'agissent les deux parties du traitement que je viens de lui administrer. Il revient avec une nette amélioration ; sa jambe droite se lève désormais à quatre-vingts degrés, soit pas loin de la normalité. Il ressent encore des fourmillements dans la jambe, mais moins de douleurs ; quant au dos, il ne s'en plaint plus. Pour la troisième séance, je me cantonne à l'homéopuncture, méthode la plus efficace pour récupérer une sciatique persistante. Une semaine plus tard, François ne souffre plus ni du dos ni de sa jambe.

En tant que praticien exposé à toutes sortes de situations, aiguës ou chroniques, je suis bien content d'avoir à ma disposition deux méthodes puissantes et efficaces pour soigner mes patients. Et souvent, je trouve qu'il est avantageux d'employer à la fois l'homéopuncture et l'ajustement chiropratique, les deux actes provoquant chez le malade une forte et salutaire réaction.

Cas clinique 6

Je me souviens, pour rester dans le domaine des syndromes Bi, du cas de cette dame de cinquante ans, en pleine ménopause, dont l'épaule gauche était bloquée et extrêmement douloureuse depuis plus de quatre mois. En la questionnant, elle m'explique que le mal s'est installé de manière progressive, sans qu'elle ne soit tombée ou qu'elle ait fait quelque chose de remarquable. Elle finit toutefois par se souvenir que, peu de temps avant l'apparition des premiers symptômes – raideur, douleurs nocturnes, difficulté à bouger le bras –, elle s'était lancée dans un grand ménage, et surtout qu'elle avait nettoyé toutes les vitres de sa maison en une matinée. Nous y voici ! Ce dont elle souffre est en réalité une *périarthrite* de l'épaule, une condition assez fréquente ayant une prédilection pour la gent féminine – les hommes n'en étant que rarement victimes. La périarthrite s'accompagne parfois d'une calcification du tendon responsable de l'élévation du bras (le sus épineux), ce qui n'est pas le cas chez cette patiente. Fidèle à ma façon de procéder, je lui explique ce dont elle souffre, la cause de son mal, combien de temps dure en moyenne ce type de problème (de six à douze mois), et ce qu'il faut éviter de faire, afin de ne pas aggraver la situation.

> Je la traite par acupuncture en sélectionnant des points locaux – Gros Intestin 15, Triple Réchauffeur 14 et 15, Intestin Grêle 9, plus quelques autres –, ainsi que des points distants tels Gros Intestin 4 (analgésie), Vésicule Biliaire 34 (point d'influence sur les tendons et muscles) et Estomac 38 (produit un effet spectaculaire en cas d'immobilité articulaire de l'épaule).
>
> L'embout des aiguilles, je vais le tremper dans une solution homéopathique contenant *Sanguinaria* et *Rhus toxicodendron*, en 7 CH.

Prévenue que le mal dont elle est atteinte ne s'estomperait pas en deux temps trois mouvements, la patiente comprend et accepte que le traitement sera assez long. En effet, c'est au bout d'un mois que les premiers résultats se font sentir et deux mois avant que son épaule ne recouvre les deux tiers de sa mobilité. Elle n'a plus mal la nuit et son bras ne la lance plus comme avant. À la fin du troisième mois de traitement, avec au total une dizaine de séances, elle a récupéré à quatre-vingt-dix pour cent son épaule ; moyennant quelques précautions et encore deux ou trois semaines de patience, tout sera rentré dans l'ordre.

Cas clinique 7

Le genou est une articulation sujette à de nombreux désordres plus ou moins graves et invalidants. Il peut s'agir (liste non exhaustive) :

- d'une entorse des ligaments croisés et/ou collatéraux (distension ou rupture des ligaments) ;
- d'une inflammation du ligament rotulien (entre la rotule et la tubérosité tibiale) ;
- d'une fissure ou d'une rupture partielle de l'un des ménisques (le ménisque interne est plus souvent blessé que le ménisque externe) ;

- d'un épanchement de synovie sans cause particulière ou bien révélateur d'une lésion qui le provoque ;
- d'une crise d'arthrose, ce qui, en prenant de l'âge, devient fréquent ; l'articulation, douloureuse à la marche (surtout sur la face interne du plateau tibial), craque, elle enfle et l'on se retrouve avec une franche perte de mobilité.

Chacune des conditions mentionnées ci-dessus se prête au traitement par l'homéopuncture.

Prenons par exemple le cas de Monique, une dame âgée de soixante-deux ans, professeur d'éducation physique désormais à la retraite, ayant elle-même pratiqué le sport de manière assidue. Depuis une dizaine d'années maintenant, elle se plaint de douleurs de plus en plus fréquentes et de plus en plus tenaces au niveau du genou droit, surtout en dessous de la rotule et le long du ménisque interne – ce dernier étant intercalé entre le fémur et le tibia. Les radiographies montrent une *gonarthrose* (terme médical pour désigner l'arthrose du genou) avancée. Après plusieurs traitements à base d'anti-inflammatoires et une tentative peu concluante avec une infiltration contenant de la cortisone, elle décide d'essayer l'homéopuncture. J'informe Monique qu'il lui faudra faire preuve d'un peu de patience pour commencer à obtenir un résultat et que, par la suite, une séance d'entretien bi- ou trimestrielle est préconisée. Elle accepte les conditions du protocole et nous commençons sans plus tarder le traitement.

Je sélectionne des points locaux (technique de l'*entourage du dragon*) et des points d'influence. Je pique sur et autour de l'articulation les points suivants : Extraordinaire 31 et 32, Estomac 35 et 44 (analgésie), Vésicule Biliaire 40, Rate 10 (utile pour réduire le gonflement articulaire), Vessie 11 (point d'influence pour les os et les cartilages).

Au niveau de la dilution homéopathique, j'opte pour *Bryonia alba*, *Rhus toxicodendron* et *Magnesia phosphorica*, en 7 CH.

Durée de la séance : vingt minutes.

Comme l'articulation est enflée et enflammée, Monique ressent une légère douleur au moment où je plante les aiguilles– ce qui est normal. Je lui suggère, de retour chez elle, de mettre de la glace dans un linge et de l'appliquer sur son genou pendant une petite dizaine de minutes. Cinq jours plus tard, elle revient pour la seconde séance ; son genou a désenflé, mais pas complètement. J'ai prévu de voir Monique une fois par semaine, afin de provoquer chez elle un soulagement rapide. À la fin du troisième traitement, son genou va mieux : le gonflement ainsi que les signes inflammatoires ont disparu. Monique reprend confiance. Je décide de la revoir dans une quinzaine de jours ; son état n'a pas empiré, bien au contraire ; du coup, nous décidons de nous revoir au bout d'un mois ; et au bout d'un mois, elle continue à aller beaucoup mieux. Petit à petit, nous finirons par nous caler sur le rythme d'une séance de consolidation par trimestre. Monique a également suivi un régime et s'est remise à marcher, des marches régulières, mais de courte durée compte tenu de son état.

Peut-on parler de guérison ? Ce serait prétentieux ; l'état de Monique est stabilisé, mais compte tenu du caractère structurel et chronique de l'arthrose, mieux vaut rester prudent et vigilant.

Cas clinique 8

Bien des personnes se plaignent d'avoir souvent mal au ventre, d'être constipées, d'avoir des ballonnements... bref, côté digestif, les choses pourraient se passer beaucoup mieux qu'elles ne le font. Mais à quoi peut-on attribuer ce type de perturbations ? À une nourriture inappropriée ? À la sédentarité ? À l'anxiété ? À un désordre de nature plus systémique ? Sans doute la réponse est-elle un mélange des genres. En décrivant le yin et le yang, nous avons remarqué leur alternance et le curieux rapport qui les fait s'opposer et se nécessiter tout à la fois ; côté occidental, les neurosciences ont depuis longtemps identifié le système neurovégétatif, scindé en deux branches, le système parasympathique (équivalent au yin) et le système orthosympathique (équivalent au yang) : ce sont ces deux branches constituant le système lui-même qui assurent et maintiennent l'équilibre homéostatique à l'intérieur du corps ; dans un organisme en bonne santé, bien équilibré, les fluctuations qui se font entre les deux branches du système se remarquent très peu ; mais tel n'est pas le cas lorsque l'organisme est en mauvaise santé, puisque alors le système se dérègle et l'une ou l'autre des deux branches devient dominante par rapport à l'autre – ce qui revient à dire, selon la conception taoïste, qu'il y a un désaccord entre le yin et le yang. Et ce sont précisément ces discordances qui provoquent les symptômes. De nombreux troubles sans cause(s) décelable(s) résultent en réalité d'un dérèglement entre le yin et le yang ou, si l'on préfère, entre le système parasympathique et le système orthosympathique. Le traitement va donc chercher à harmoniser de nouveau le fonctionnement des deux polarités qui se trouvent en désaccord. Fondamentalement, toute l'acupuncture repose sur ce principe. Afin d'illustrer mon propos, je vais vous raconter comment je suis parvenu, avec sa participation, à rétablir à un niveau satisfaisant l'équilibre entre le yin et le yang d'une jeune femme de trente-six ans, dont le quotidien était devenu problématique en raison de ses troubles intestinaux. Elle alternait entre des périodes de constipation pouvant durer de trois à six jours et des diarrhées soudaines accompagnées de spasmes violents au ventre qui l'obligeaient à aller sur le champ aux toilettes ; et à chaque repas qu'elle prenait, elle se sentait dérangée ; elle souffrait par ailleurs de migraines fréquentes.

J'ai décidé, pour la soigner, de stimuler les points homéostatiques Gros Intestin 11, Vaisseau Gouverneur 20, Estomac 36, les points locaux Vaisseau Conception 21, Estomac 21 et 25 (bilatéralement), le point Cœur 7 pour la sédation.

Quant à la préparation homéopathique, elle contenait *Gelsenium sempervirens*, *Natrum sulfuricum*, *Nux vomica*, en 9 CH.

Dès la seconde séance, la patiente s'est sentie un peu mieux, moins « gonflée » après les repas ; mais ce n'est qu'à partir de la cinquième séance que son transit intestinal a commencé à se normaliser, et cela nous avons pu le constater par la régularité avec laquelle elle allait désormais à la selle. Une de mes amies et collègues qui est nutritionniste l'a aidée dans le choix de ses aliments et dans la manière de les consommer ; quant à moi, je l'ai encouragée à marcher et à se détendre (en pratiquant le yoga ou le tai-chi, selon sa préférence), ce qu'elle a accepté de faire. Et vraiment, au fil des mois, sa santé s'est considérablement améliorée, y compris ses migraines dont elle ne se plaignait qu'en de rares occasions. Mais je lui ai bien fait comprendre, ainsi que je le fais avec mes autres patients, que l'on ne doit pas crier victoire trop vite et qu'il convient de rester sur ses gardes, car le piège dans lequel tant d'entre nous tombent, c'est de croire, à tort, bien sûr, que parce que la situation s'arrange, cela signifie qu'elle est définitivement réglée : rien de tel ! Sitôt que le mal est sous contrôle, on a tendance à se relâcher et à reprendre ses anciennes et mauvaises habitudes, celles qui ont favorisé l'apparition du dérèglement initial ; notre rôle à nous, praticiens conscients du phénomène, consiste à veiller à ce que nos patients continuent de suivre les recommandations que nous leur avons faites, et dont le respect contribue à les maintenir en bonne santé.

Cas clinique atypique n'ayant pas nécessité de traitement particulier

Voici l'histoire de Kevin, un petit garçon de huit ans auquel il est arrivé une histoire assez incroyable qui en dit long sur les capacités du cerveau et sur la façon bien peu orthodoxe dont les émotions peuvent se manifester. Les parents de Kevin sont des patients que je soigne depuis plusieurs années. Cette fois-ci, c'est pour leur fils qu'ils prennent rendez-vous avec moi. Ils sont très inquiets parce que, depuis plus de cinq mois maintenant, il lui arrive quelque chose d'incroyable et d'incompréhensible : il tombe en syncope pour un oui ou un non, par exemple si son père le gronde ou au moment de manger s'il n'aime pas ce qu'il a dans son assiette. À l'école et en sport, cela ne se produit qu'en de rares occasions. Très préoccupés – on le serait à moins ! –, les parents de Kevin ont consulté, afin de découvrir quelle pouvait bien être la cause de ces pertes de conscience soudaines et inexpliquées. Le petit a effectué tous les examens – électroencéphalogramme, scanner cérébral, IRM du cerveau, bilan sanguin complet – sans que la moindre anomalie ne soit détectée, et tant mieux ! Cela veut (sans doute) dire que la cause n'est ni organique ni structurelle, mais bel et bien d'ordre fonctionnel, réactif. Alors, puisqu'il n'est pas malade, de quoi souffre-t-il donc ? Il a été examiné par un pédopsychiatre qui l'a trouvé « normal ». En dépit du fait qu'on ne lui trouve rien de particulier, le neurologue qui s'occupe de son cas a suggéré aux parents d'entreprendre un traitement à base de médicaments destinés à soigner l'épilepsie, ainsi qu'un neuroleptique « léger » : « Mais il n'est pas épileptique ! », s'est exclamé à juste titre le père. Ils ont refusé le traitement et sont retournés chez leur médecin de famille qui leur a dit qu'il fallait être patient, qu'à la longue ça lui passerait : ma foi, c'était encore la réponse la plus sensée qu'on pouvait leur faire. À mon tour, en le questionnant et en l'examinant, je ne décèle rien de suspect ou de bizarre ; il a l'air d'un petit garçon en bonne santé – hormis pour ses pertes de conscience. Je pense que nous devons orienter les recherches du côté de son environnement, des gens qu'il côtoie, de ses relations avec ses camarades d'école ; il doit y avoir quelque chose ou quelqu'un qui le perturbe et l'angoisse au point de le faire réagir de façon aussi spectaculaire, au point de le faire « disjoncter ». En lui posant la question, il répond que tout va bien, qu'il n'a pas de conflit avec les autres enfants, qu'il aime faire du sport, enfin bref, il prétend n'avoir aucun problème. Avant de nous quitter, je demande aux parents de noter avec précision les moments, les situations, ainsi que les endroits où se produisent les crises. Quatre ou cinq mois plus tard, nous avons la réponse à l'énigme. Peu de temps après notre entrevue, l'institutrice de Kevin est tombée malade et a été remplacée par un jeune instituteur ; bizarrement, les crises de Kevin se sont estompées, passant de trois ou quatre par semaine à une ou deux par semaine, puis une tous les quinze jours, jusqu'à ce qu'elles disparaissent. Le problème du garçon, la cause de ses pertes de connaissance, c'était son institutrice. Son départ libéra la parole chez Kevin, qui raconta son calvaire à ses parents – celui d'être depuis le début de l'année le bouc émissaire de la classe. Le garçon expliqua à ses parents que l'institutrice était méchante avec lui, qu'elle le punissait tout le temps, qu'elle se moquait de lui devant les autres. Tout finit par rentrer dans l'ordre, comme me le confirma son père un jour où il vint se faire soigner. Heureusement que les parents de Kevin ont tenu bon en refusant le traitement lourd et inapproprié proposé par le neurologue. Et quelle étrange manière de communiquer son désarroi et sa souffrance intérieure de la part de ce petit garçon !

L'exercice de la médecine doit nous inviter à l'humilité. Pour être tout à fait précis, le mot « guérison » devrait être, sinon banni du langage, tout au moins employé avec parcimonie et de manière précautionneuse. En effet, l'organisme, au même titre que l'esprit, a la faculté de mémoriser ce qui lui arrive ; c'est la raison pour laquelle nos problèmes de santé ont un caractère récurrent et cyclique. La santé est un état transitoire et fluctuant entre le fonctionnement optimal de l'organisme, considéré dans sa globalité, et celui d'une désorganisation généralisée, manifestée par un effondrement relatif des fonctions vitales. Entre les deux extrêmes se rencontrent une infinité de nuances. Chaque individu oscille d'une tendance à son opposé, au fil des mois et des années et au gré des circonstances environnementales. La santé est donc un état dynamique en perpétuelle évolution ; et nous avons systématiquement un temps de retard lorsqu'il est question d'interpréter une situation particulière, puisque nous sommes dans l'incapacité d'anticiper sur des modifications internes d'une si grande subtilité qu'elles échappent aux méthodes d'investigation les plus sophistiquées – qu'elles soient humaines ou technologiques. Plutôt que d'expliquer le pourquoi et le comment des choses, nous nous limitons à en décrire les manifestations, telles qu'elles nous apparaissent, et surtout à un moment donné dans le temps où nous devenons capables de les percevoir. Au fond, qu'y a-t-il là d'étonnant ? Rien du tout, si l'on considère que l'organisme est un « assemblage » clos et homogène constitué d'environ mille milliards de cellules, réparties en tissus et organes tributaires les uns des autres, que ces cellules sont non seulement dépendantes de conditions physiologiques bien définies, mais qu'en plus de cela elles entretiennent avec le cerveau, voire avec l'esprit, un rapport dont la nature et la portée dépassent très largement les simples et apparentes connexions neuroendocriniennes servant de base à la communication. Et que dire à propos des influences en provenance du monde extérieur ? De quelle manière, et dans quelles proportions, vont-elles modifier l'homogénéité du microcosme corporel ? En l'état actuel des choses, les questions de fond restent sans réponse(s). Mais il se peut que les découvertes réalisées dans le domaine de la physique quantique nous ouvrent des portes dans la compréhension de la matière organique et dans la façon dont l'énergie émise par la psyché influence cette dernière.

Conclusion

Nous voici parvenus au terme de cet ouvrage. Mon souhait le plus sincère est qu'il vous ouvre de nouvelles perspectives en matière de soins et de santé. Il est clair au fil de ces pages que mon engagement auprès des médecines naturelles est une réalité que je vis au quotidien. Après plus de vingt-huit ans d'exercice, je continue à être étonné – et ravi – par les capacités de ces médecines à soigner et à rétablir les patients, même parmi les plus abîmés. Chaque semaine, je reçois de nouveaux malades qui, après un parcours classique mais décevant auprès des acteurs de la médecine officielle, s'essaient à l'homéopuncture et à la chiropractie pour se sortir de l'ornière dans laquelle ils stagnent depuis trop longtemps. En général, ils obtiennent ce qu'ils sont venus chercher : un réel et durable soulagement. Non seulement ces personnes sont rétablies, mais en plus elles repartent avec une autre idée de la santé en tête ; désormais, si un nouvel incident survient, leur premier réflexe ne sera peut-être pas celui de se rendre chez le généraliste – cela dépendra de la gravité de la pathologie.

Cependant, et en dépit de mes prises de position, je ne suis pas sectaire ; j'ai bien conscience de l'importance de la technologie moderne – à laquelle j'ai moi-même souvent recours – et de la nécessité d'avoir un système médical solide et efficace en cas de crise grave. Considéré sous cet angle, ce dont nous bénéficions en France est efficace et de bonne qualité – même s'il serait opportun d'optimiser et de rationaliser le système existant en vue de le rendre plus performant et compétitif.

Le système de soins de notre pays a un coût astronomique, une addition que chacun de nous règle par le biais des cotisations. Gardons le système ; conservons le droit pour tout un chacun de se faire soigner ; mais optimisons-le, rationalisons les services et les dépenses, notamment en intégrant les représentants dûment certifiés des grandes médecines alternatives. Grâce à une telle mesure, des dizaines de milliers de personnes en souffrance seraient prises en charge par nos soins, sans délai, ce qui leur éviterait un long, stérile et onéreux cheminement ; et quelle économie pour la Sécurité sociale ! Tout cela est prouvé depuis longtemps. Nous connaissons bien les raisons de cet immobilisme qui, hélas, frappe notre pays et l'empêche d'avancer : ce sont les conflits d'intérêts, les lobbies, des histoires de pouvoir et de gros sous, face auxquels nous autres, professionnels des médecines alternatives, ne pesons pas lourd. Un jour ou l'autre, il faut tourner la page, en finir avec les acquis et les privilèges, anachronismes auxquels s'agrippent les bénéficiaires du système.

Le monde évolue et ce sont les gens qui le font évoluer ; or, ce que recherchent les gens aujourd'hui, en tout cas un grand nombre d'entre eux, c'est de pouvoir accéder librement – en bénéficiant des mêmes avantages – à la médecine de leur choix, celle qui leur semble la mieux indiquée pour répondre à leurs attentes. Il serait temps que cela advienne.

Comme vous avez pu vous en rendre compte, il existe bien d'autres façons de se soigner et de prendre soin de sa santé, plutôt que de recourir de façon systématique aux médicaments allopathiques. Et puisque prévenir vaut mieux que guérir, commençons par prendre soin de nous-mêmes ; un peu d'indulgence pour ce pauvre corps et cet esprit malmenés par les tracas et la compétitivité ! Nous avons besoin de nous calmer, de prendre un peu de recul avec l'environnement qui nous phagocyte. Alors oui, les bonnes vieilles méthodes, plus que jamais, restent d'actualité : faire de l'exercice physique, se reposer, se nourrir à partir de produits frais et de qualité, se tenir éloigné des poisons que représentent le tabac et l'alcool, etc. Grâce à ces mesures, nous nous donnons les moyens de faire face aux agressions en tout genre ; en pleine possession de nos capacités et moyens, nous devenons aptes à résister à la pression ambiante. Et si, par malheur, cela ne suffisait pas, si nous « tombons malades », alors il va falloir se faire soigner, si possible sans que les soins administrés ne soient pires que le mal pour lequel nous consultons ; d'où l'intérêt des médecines naturelles, pour ainsi dire dépourvues d'effets secondaires et bien souvent plus efficaces que les médicaments produits et vendus par l'industrie pharmaceutique.

Il arrive un moment, au cours de sa vie, où l'on doit s'interroger sur ses habitudes, remettre en question la pertinence des modèles avec lesquels on a grandi ; ce n'est pas parce que nos parents étaient des catholiques pratiquants que nous sommes condamnés à l'être nous-mêmes ; et ce n'est pas parce que nos parents croyaient dur comme fer aux vertus de la médecine « scientifique » que nous devons abonder dans leur croyance. Avec l'âge et les expériences de la vie, on décide de conserver certains acquis et d'en renier d'autres, qui ne nous conviennent pas. Il ne faut pas craindre le changement, dans la mesure où l'on est convaincu de son bien-fondé et de sa pertinence.

Je me souviens de mes débuts à Milan, en Italie. C'était il y a plus de vingt-cinq ans, à une époque où la chiropractie, entre autres, n'était en France qu'une pratique anecdotique et passible de prison : pire qu'au Moyen Âge ! Eh bien, c'était tout le contraire de l'autre côté des Alpes : les Italiens – aussi pragmatiques que savent l'être les Américains – ne demandaient qu'à essayer pour se faire leur propre idée : quelle ouverture d'esprit ! La chiropractie, venue des États-Unis, connut un énorme succès et fut d'emblée intégrée dans leur système de soins. Comme quoi les comportements varient du tout au tout d'un pays à un autre : « Vérité en deçà [des Pyrénées], erreur au-delà », disait Pascal – mais il aurait tout aussi bien pu se servir des Alpes que des Pyrénées pour illustrer son propos.

Chacun de nous naît avec d'importantes capacités, un réel potentiel, tant du point de vue physique que du point de vue psychique. Nous disposons d'énormes moyens, lesquels doivent nous servir à nous frayer un chemin tout au long de notre existence. Le corps est une formidable création capable d'assumer son « automaintenance », à condition que nous lui fournissions tout ce dont il a besoin pour fonctionner ; et notre cerveau, en liaison constante avec l'environnement, s'adapte à chaque instant en fonction de la somme colossale d'informations qui lui parviennent de toute part : visuelle, auditive, olfactive, gustative, sensitive. L'équilibre auquel nous pouvons prétendre dépend de la qualité de la relation s'établissant entre le corps et le cerveau, entre l'esprit et la matière. Et c'est bien là que le bât blesse ! Le danger vient de partout, jamais il ne disparaît ni ne s'estompe. Aussitôt sommes-nous sortis du ventre de notre mère, les ennuis commencent par la rupture charnelle entre notre minuscule organisme si fragile et vulnérable et l'intérieur douillet, chaud et protecteur, du ventre de maman. C'est le début d'une longue série qui ne prendra fin qu'au jour de notre mort.

Tout du long de notre enfance, nous accumulons des expériences tantôt plaisantes tantôt désagréables, dont l'impression finale, à l'aube de l'âge adulte, est la suivante : ma vie ne sera pas un long fleuve tranquille. Déjà, à dix-huit ans, on a compris qu'il faudra se battre pour se faire sa place, que les autres ne nous feront pas de cadeaux et que pour gagner son pain il va falloir se plier à des règles qu'on est tenté de transgresser tant elles sont contraignantes. Du monde merveilleux et féerique de la toute petite enfance, nous sommes enfin parvenus au monde hyper – sur ? – réaliste des adultes. Petit à petit, la liste des griefs et des désillusions s'allonge, avec à la clef le sentiment de ne plus s'appartenir, de s'être fait happer par un tourbillon à la fois gigantesque et effrayant qui recrache de temps à autre des fantômes d'êtres humains, des hommes et des femmes que les secousses répétées et violentes ont fini par briser. Et même si la plupart d'entre nous ne se font pas broyer par le tourbillon de la vie, nous n'en sortons pas indemnes ; les séquelles se manifestent sous les formes les plus diverses, des plus bénignes aux plus graves. Le mot que nous employons pour désigner l'ensemble des manifestations provoquées par notre confrontation avec les conditions dans lesquelles se déroule notre vie est *maladie*. Et la manière dont nous parvenons à résister se nomme *santé*. La santé et la maladie se définissent l'une par rapport à l'autre, ainsi que se définissent l'un par rapport à l'autre le bien et le mal, le beau et le laid, la jeunesse et la vieillesse. Bien malin qui saurait dire avec exactitude en quoi consiste une *bonne* santé, puisque cela varie d'un individu à l'autre, chacun ayant de la chose sa propre perception – fondée le plus souvent sur des impressions et des interprétations subjectives.

On pourrait dire, de manière consensuelle, qu'une personne peut être considérée comme étant en bonne santé lorsqu'elle :

- affronte et surmonte avec succès les obstacles rencontrés durant les étapes successives de son existence ;
- évolue dans un environnement familial et professionnel qui la satisfait ;
- évite de se laisser déborder par le côté émotionnel des choses ;
- dispose d'un minimum de recul sur elle-même et les événements vécus ;
- maintient un rapport taille/poids correct ;
- prend soin de son corps grâce à une hygiène de vie raisonnable et pragmatique ;
- a la chance de se voir dotée par la nature d'une bonne combinaison génétique.

Cette liste, chacun peut la compléter et la modifier à sa guise.

Bien que nos connaissances dans le domaine de la santé et de la prévention aient fait des progrès considérables, nous sommes encore loin d'en comprendre les subtilités. Tout ce dont nous sommes constitués semble influencé de façon décisive par quelque chose d'autre, d'infiniment plus puissant et universel, qui ne peut se voir ni se décrire – un peu comme une matrice au sein de laquelle s'exprimerait et se manifesterait l'existant. Nous sommes semblables à des géologues qui devraient se contenter de commenter et de décrire les soubresauts visibles de la croûte terrestre, autrement dit la surface de la Terre, sans connaître ce qui se passe en dessous : frustrant ! Nous avons la bonne fortune de disposer de puissants antidotes pour panser nos blessures, nous donner de l'espoir et nous insuffler l'envie de vivre : l'amour, la joie, l'amitié, la fraternité, la compassion, toutes ces choses qui subliment la vie et les relations humaines... et la beauté de notre monde.

Bibliographie

Clinical acupuncture, Dr Anton Jayasuriya, Sri Lanka

Fundamentals of ear acupuncture, Dr H. Kropej, Heidelberg

Science and civilisation in China, J. Needham, Cambridge University Press

Tao Te King, Lao Tseu

Tao Te King, commentaires, Marcel Conche

Yi Jing, le livre des changements, Albin Michel

The stress of life, Dr Hans Selye, McGraw-Hill éditeur

Traité pratique et raisonné des plantes indigènes, F.J. Cazin, Jalon des Savoirs

Médecine et nature : les plantes qui guérissent, Joel Swerdlow, National Geographic

Manuel pratique d'homéopathie, Richard Pinto, Maloine

Homeopathy, therapeutics, Anton Jayasuriya, Sri Lanka

Décupler les pouvoirs de l'acupuncture avec l'homéopathie

978-2-86985-349-2

Dépôt légal : septembre 2017

Achevé d'imprimer en Union européenne par Pulsio.net en juillet 2017.